KB206832

韓國飮食文化博物誌

한국음식문화박물지

지은이 황교익

초판 1쇄 발행 2011년 9월 10일
초판 5쇄 발행 2018년 3월 10일

펴낸곳 도서출판 따비
펴낸이 박성경
편집 신수진
디자인 박대성

출판등록 2009년 5월 4일 제313-2010-256호
주소 서울시 마포구 월드컵로28길 6(성산동, 3층)
전화 02-326-3897
팩스 02-337-3897
메일 tabibooks@hotmail.com
출력 스크린 출력센터
인쇄·제본 영신사

ISBN 978-89-964175-5-2 03380

값 14,000원

한국음식문화박물지

황교익 지음

따비

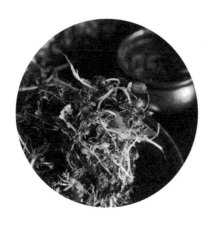

한국음식의 '쌩얼'을 보자 한 것은

　음식 관련 글을 쓰는 사람이, 자신이 전문적 식견을 가지고 있음을 자랑할 때 흔히 쓰는 말이 있다. "당신이 먹는 음식을 보면 당신이 누구인지 알 수 있지." 이 문장에는 '나는 당신들을 충분히 알 수 있거든!' 하는 지적 협박까지 들어 있어 '먹물'들이 즐겨 쓰기에 딱 좋다. 서양의 한 미식가가 한 말이라고 하는데, 맞는 말이기는 하지만, 이 말을 입에 달고 있는 사람 중에 실제로 한 사람의 기호음식을 보고 그 사람을 분석할 수 있을 정도의 지적 능력을 가지고 있는 사람을 본 적이 없다. 그들은 대체로 서양의 격언이나 동양의 옛 문헌에서 음식 관련 글 몇 줄 찾아내어 지식인 행세나 할 뿐이다.

　"당신이 먹는 음식을 보면 당신이 누구인지 알 수 있지"의 '당신'을 '나'로 바꾸어 놓으면 이 문장은 음식을 통한 자기 정체성 확보 작업에 더없이 좋은 격언이 될 수 있다. 좋아하는 음식을 앞에 두고 그 음식을 언제부터 좋아하였는지 또 그 음식을 요리해 주었거나 같이 먹었던 사람들은 누구인지에 대한 추억을 뒤적이다 보면 자신이 인지하지 못하였던 내적 욕구 그리고 그 좌절과 마주칠 수 있다.

이 방식으로, '당신'의 자리에 '한국인'을 삽입해 보면 어떨까 하는 생각을 오래전부터 하고 있었다. '한국인이 먹는 음식을 보면 한국인이 누구인지 알 수 있지' 하는 생각. 이 생각을 구체적으로 하게 된 것은 10년 전 즈음에 한국 전통음식 연구자가 궁중음식 관련 책을 펴내면서 한 인터뷰를 듣고서였다. 그는 그 책 발간 이유를 이렇게 말했다. "아름다운 우리 음식은 점점 잊혀져 가는 반면 뼈다귀해장국, 부대찌개, 쇠머리국밥 등 국적불명의 경박한 음식들이 우리 식탁을 대신하는 현실이 안타까웠다." 한국인들이 즐겨 먹는 여러 음식을 국적불명의 경박한 음식으로 몰아붙이는 저들의 문화적 오만이 놀라웠다. 이명박 정부 들면서 진행된 한식 세계화 사업은 한국 전통음식 연구자들의 오만을 극단으로 부추겼다. 정부가 한식 세계화 사업의 일환으로 발간한 《아름다운 한국음식 100선》의 표지에는 한국인이 거의 먹어 본 적이 없으며 집에서는 아예 먹지 않는 신선로가 올라 있다. 한국인이면 다 좋아하는 떡볶이를 세계화해야 한다고 정부 출연 연구소까지 차리고서는 간장 볶음의 '궁중떡볶이'가 세계화 가능성이 있다고 국민의 코앞에 디밀었다. 한국인이 일상으로 먹는 음식은 한국음식이 아닌 듯이 구는 그들의 행태를 보며 '쌩얼'의 한국음식론이 필요하겠다는 생각을 더욱 굳히고, 그 오랜 구상을 구체화하여 이 책을 내게 되었다.

이 책의 내용은 한국음식이란 무엇인가 하는 물음부터 시작하여 한국인이 즐겨 먹는 여러 음식에 대해 꼬리에 꼬리를 무는 방식으로 전개되는데, 그 순서대로 읽다 보면 한국음식이란 이런 것이구나 하고 커다란 그림이 그려질 수 있게 하였다. 항목을 찾아 읽기보다는 처음부터 끝까지 통독을 하는 것이 좋은 방법이다. 독자들이 한국음식이란 무엇인가 하는 물음으로 책 읽기를 시작하여 이 음식을 먹는 한국인은 대체 누구인가 하는 물음으로 옮아 가는 지적 확장을 즐기게 된다면, 이 책을 쓰면서 이미 그 지적 확장을 즐긴 저자로서 더없이 기쁠 것이다.

2011년 8월 황교익

차례

이 책을 읽기 전에 함께 정리해야 할
몇 가지 생각

한국음식은 한국의 자연이다

음식은 자연에서 온다. 흙과 물에서 자라는 식물과, 그 식물을 먹고 사는 동물, 또 그 동물을 먹고 사는 동물들이 인간이 먹는 음식의 재료이다. 따라서 모든 음식은 그 음식을 만들고 먹는 지역의 자연을 담고 있다. 대한민국의 음식에는 한반도의 자연이 담겨 있다.

대한민국은 작은 나라이다. 아시아 대륙의 동쪽 끝에 붙어 있는 반도이다. 반도이나 넓은 바다는 없다. 중국 대륙과 일본 섬들에 둘러싸여 있는 반도의 바다는 대해에 닿지 못한다. 대륙에서 뻗어 온 산줄기는 동쪽으로 치우쳐 반도를 관통하고 있다. 산은 높지 않으나 빽빽이 들어서 평야가 귀하다. 산줄기의 여러 골짜기에서 발원한 강들은 다소 편편한 서쪽과 남쪽으로 흘러 바다로 든다. 몬순기후대에 들어 여름에는 비가 많고 무더우며 겨울에는 대륙의 찬 기운을 고스란히 받아 매우 춥다. 이 작고 거친 자연의 땅을 한민족은 금수강

산이라 부른다. 아름답다는 것이다. 5,000년 동안 이 땅이 한민족에게 베푼 은혜에 대한 감사의 표현일 것이다.

반도는 좁고 자연은 거칠다 하였지만 그 안에서 나는 산물은 다양하다. 그다지 높지 않은 산들과, 이 산들 사이에서 흘러나오는 강물 그리고 그 강들의 자락에 펼쳐진 좁지만 기름진 평야, 또 삼면의 바다에서 얻어지는 것들은 헤아릴 수 없이 많다. 특히 계절의 변화가 뚜렷하여 좁은 하나의 지역이라 하더라도 봄, 여름, 가을, 겨울에 따라 그 땅과 물이 내는 산물은 변화무쌍하다.

그러나 이 작은 반도가 주는 다양한 산물은 그 부족한 생산량으로 인하여 한민족의 배를 채우는 데는 한계가 있었다. 반도의 사람들은 홍수와 가뭄 등으로 항시 굶주렸다. 아이러니한 것은, 굶주림이 오히려 음식의 다양성을 가져온다는 사실이다. 평소에 먹을 수 없을 것이라 생각하였던 재료들도 배를 채우기 위해 '요리'를 하게 되고, 그 음식으로 탈이 나거나 죽지 않으면 새로운 음식재료로 편입이 되는 것이다.

한국음식은 전적으로 한국의 자연에 기댄 것임을 잊지 말아야 할 것이다.

한국음식은 한국의 음식이다

한국음식이라 함은 현재 한국 땅에 사는 사람들이 일상으로 먹는 음식을 가리킨다. 이 한국음식에는 수천 년간 쌓인 한민족 음식 전통이 녹아들어 있을 것으로 여기는 것이 일반적인 인식이다. 단일민족으로 한반도 안에서 오래도록 살아와, 흔히 전통이라고 하면 단군시대부터 변함없이 내려오는 '그 무엇'을 상정하는 버릇이 있기 때문이다. 그러나 현재 우리가 먹고 있는 한국음식의 형태는 그리 오랜 역사를 지니고 있는 것이 아니다.

음식은 자연의 산물에 인공의 기술이 관여하여 만들어지는 것이다. 그 인공의 기술에 조리 기구와 화력이 가장 중요하다. 조리 기구부터 보면, 선사시대 빗살무늬토기로 해 먹을 수 있는 음식이 있고 삼국시대의 시루로 해 먹을 수 있는 음식이 따로 있는 것이다. 한국음식 바로 전의 것은 조선음식이라 할 수 있을 것인데, 이 조선음식의 조리 기구만 하더라도 가마솥과 번철, 석쇠 정도밖에 없었으며, 따라서 당시에 해 먹을 수 있는 음식도 지금의 한국음식 같지 않다는 것을 충분히 짐작할 수 있다. 음식은 화력에 따라서도 크게 바뀌는데, 나무에 의존하던 시기의 음식과 석탄과 석유를 이용할 때의 음식, 가스와 전자파 등으로 조리할 때의 음식은 그 형태와 맛에서 큰 차이가 있다.

한국음식 앞에 '전통'이라는 수식어를 붙여서 조선음식을 요리하는 사람들이 있다. 이 음식을 엄밀히 보자면, 현대의 조리 기구로 재현한 조선음식이라 하는 것이 맞다. 만약에 전통의 조선음식을 하려면 그 조리 기구와 화력도 조선의 것으로 하여야 할 것이다.

현재 한반도 사람들이 먹는 한국음식의 원형을 상정한다면 근대화 이후 새로운 조리 기구와 화력으로 조리되는 음식에서 찾는 것이 올바른 일이다. 이 한국음식의 원형 안에는 물론 조선의 조리 방식이 일부 이어져 오는 것이 있다. 그러나 그 일부의 것을 두고 먼 전통의 것인 양 강조할 만하지는 않다. 조선의 부엌은 이제 박물관에서나 볼 수 있을 정도로 한국의 주방과는 먼 거리에 있기 때문이다.

음식의 주체는 사람이다

음식에서는 조리하는 사람이 주체가 아니다. 음식은 먹기 위해 조리되기 때문에 음식을 먹는 사람이 그 음식의 주체이다. 나아가, 음식을 먹는 이가 그 음식의 주체가 되었을 때에야 비로소 음식은 문화로 인식될 수 있다. 향유자가 없는 문화는 존재할 수 없기 때문이다. 요리사의 조리 과정 그리고 그 결과물인 음식은 그 음식을 먹는 문화 행위를 하기 위한 조건과 환경을 조성해 주는 것이라 해석할 수 있다. 그러니 한국음식의 주체는 이 한국음식을 먹는 한국인이며, 또 이 한국음식을 먹는 한국인에 의해 한국음식문화가 형성되는 것이다.

한국의 음식문화를 정리, 체계화하였다는 책 등을 보면 대체로 조리법에 치중되어 있다. 어떤 식으로 요리하는가가 음식문화의 주요 컨텐츠라고 보는 것이다. 근래 한식 세계화 사업의 일환으로 전개되는 각종 저술들도 이 범주에서 벗어나지 않는다. 한국음식이라 생각되는 음식 목록을 펼쳐 놓고 그 자세한 요리법을 표준화하고, 나아가 외국어로 번역하여 내놓고 있다. 물론, 이런 일도 의미 없는 것은 아니다. 그러나 한국 사람들이 왜 그런 한국음식을 만들어 먹었는지에 대한 고찰은 없어, 진정한 한국음식'문화'를 알리는 일이라고는 할 수가 없다.

이 책은 한국음식 자체보다는 그 한국음식을 먹었고, 지금도 먹고 있는 한국인의 삶을 관찰하고 기록하는 데 집중하며 쓴 것이다. 한국음식문화를 정리한다는 뜻보다 이 저술 자체가 '문화적인 일'이 될 수 있게 하였다. 이 작업은 결국 한국음식을 한국인의 삶 속으로 되돌리는 일이 될 것이다.

밥과 반찬

한국음식은 기본적으로 밥과 반찬으로 구성되어 있다. 이 같은 한국음식의 구성은 쌀을 주식으로 하는 다른 민족들의 음식 구성과 큰 차이가 없다.

쌀로 흔히 하는 음식은 밥이다. 밥은 그것만 먹을 만하지 못한 맛을 지니고 있다. 오래 씹으면 전분이 당화되어 단맛이 나기는 하지만, 밥 하나만 지속적으로 이렇게 먹을 수 있는 인간은 많지 않다. 그래서 밥에는 짜고 시고 매우며 단맛이 나는 음식이 항상 따라붙는다. 쌀을 주식으로 하는 아시아 민족의 식탁은 다 이렇게 차려진다.

쌀을 주식으로 하는 민족의 음식 중 일본음식이 한국음식과 가장 유사한 양식을 가지고 있다. 이 두 민족의 기본적인 상차림을 서양인들 앞에 내놓고 구별하라 하면, 혼란스러워할 것이다. 한국인이 이탈리아 정찬과 프랑스 정찬을 쉬 구별하지 못하는 것과 같은 일이다. 세계음식을 놓고 보자면, 밥과 반찬이라는 그 기본의 양식으로 인해 한국음식과 일본음식은 하나의 음식문화에 넣을 수도 있다.

밥에는 짜고 시고 매우며 단맛이 나는 음식이 항상 따라붙는다. 쌀을 주식으로 하는 아시아 민족의 식탁은 다 이렇게 차려진다.

한국인은 '일본과 한국은 다르다'라는 신념을 강하게 유지하려는 경향이 있다. 식민의 경험 때문이다. 일본은 식민 지배 기간에 '내선 일체'라는 정책을 통하여 한국인을 일본에 동화시키려 하였고, 1945년 일본 패망으로 인한 한국의 광복 이후 한국인은 일본과 한국의 차이를 강조하여 한국인으로서의 정체성을 확보하려고 하는 것이다. 그러나 '우리는 다르다'라고 하는 그 강조 안에는 '우리는 같다'라는 전제가 숨어 있음을 직시할 필요가 있다.

음식은 단독자로 고고히 유지되는 일은 없다. 이웃의 음식을 먹으며 내 음식이 바뀌고 또 그 이웃의 음식이 바뀌는 '섞임의 연속' 안에 음식이 있다. 한국음식 양식이 어디에서 왔는지 살피는 일은 곧 일본음식 양식을 엿보는 일이 된다. 앞으로도 그 양식의 유사성으로 인하여 일본음식과 한국음식은 끝없이 뒤섞일 것이다.

밥상평등 사상

밥과 반찬으로 구성되는 한국인의 밥상은 고려시대에 그 모양새를 갖춘 것으로 추정하고 있다. 고려시대 이전 한민족의 밥상은 각종 음식물을 한 접시 위에 올려 먹는, 아시아 대륙 유목민족의 음식 차림과 같았을 것이다.

밥과 반찬이라는 조합 앞에서는, 한국인의 모든 밥상은 평등하다. 반찬의 양과 질에서는 차이가 있을 수 있겠지만 '밥을 먹기 위한 반찬의 배치'라는 밥상의 구성은 부자의 것이나 빈자의 것이나 똑같은 것이다. 이와 같은 밥상의 구성을 두고 한국인은 "임금이나 거지나 하루 세 끼 먹는 것은 같다"라는 밥상평등 사상을 만들어 내었다.

이 말은, 조선시대에도 있었을 것이고, 그 먼 옛날부터 있었을 수 있다. 조선시대까지 수천 년을 계급사회에서 살아온 한민족이 밥상 앞에서의 평등을 말하였다는 것은 그 계급의 차별이 오히려 극심하였으며 또 계급 간 문화 교류와 신분 이동이 용이하지 않았다는 사실을 반증한다 할 것이다. 하층의 민중들은 더 높은 계급으로 오르지 못하니 모든 밥상이 밥 한 그릇 먹기 위한 구성이라는 데 눈길을 두고 마음이라도 편하고자 하였던 것이다.

이런 밥상평등 사상은 한국에 와서는 역으로 권력자들이 국민의 호감을 사기 위한 전략으로 이용된다. 대통령이 즐기는 음식이 칼국수니 자장면이니 하며 서민의 밥상과 별 다르지 않음을 언론을 통해 흘린다. 우습게도 대한민국의 국민은 음식을 통한 권력자의 이런 이미지 조작에 쉬 넘어간다. 여기에 더해, 대통령이나 정치인들이 다녀간 음식점은 대부분 번창일로에 있으며, 그 대통령이 살인 독재자였어도 그 음식을 두고 맛있다고 즐긴다.

한정식

밥과 반찬이라는 한국음식의 양식이 외식업에서 '고급스럽게' 표현된 것이 한정식이다. 조선 임금의 12첩 수라상보다 더 호화롭게 차려 내는데, 한 상에 차려지는 반찬이 수십 가지에 이른다. 밥과 어울릴 수 있는 반찬을 총집합한 상차림이라 할 수 있다.

한정식의 역사는 그리 오래되지 않았다. 조선시대 그림에서 연회 장면을 보면 외상 차림이 일반적이다. 현재 두레상으로 차려지는 한정식은 일제강점기의 요릿집이 그 시초이다. 이때 한반도의 음식에 더하여 일본음식, 서양음식도 요릿집의 상에 올려졌다.

광복 이후에도 요릿집은 번창하였다. 남자들의 접대 공간이었으니 온갖 음식에 술과 여자가 따랐다. 1980년대 들어 룸살롱이라는 서양식 접대 공간이 등장하면서 요릿집은 크게 쇠퇴하고 만다. 요릿집의 '여자'들이 룸살롱으로 이동을 한 것과 마찬가지로 요릿집의 주모들도 룸살롱의 주방으로 옮겨 갔다. 일부 요릿집은 유흥의 서비스를 제공하지 않는 음식점으로 탈바꿈하여 그 생명을 유지하였고, 그

음식점의 한 상 가득 차려진 음식에 한정식이라는 이름이 붙었다.

접대를 하는 입장에서는 '나는 당신을 위해 이런 허비를 할 수 있다'라는 사실을 접대받는 이에게 전달해야 한다. 그러니 접대음식은 그 자리에서 먹을 수 있는 양보다 많이 차려진다. 한정식은 이 접대의 흔적이 아직까지 남아 한 상에 차려지는 음식의 양이 매우 많다. 그래서 1인분의 상을 차릴 수가 없다. 최소한 2인상이며 3인상, 4인상으로 제공된다.

한정식의 식당은 이미 접대의 공간이 아니지만 예전 접대의 허비는 여전히 남아 있고, 한국인은 또 이 허비를 즐긴다. 한정식의 식당들은 대체로 정재계 인사들이 다녀갔다는 말로 손님들을 홀리는데, 음식의 허비를 즐길 수 있는 한국의 상층 계급에 스스로 일치시키려는 노력들이 한정식을 유지시키고 있는 것이다.

백반

백반은 밥과 반찬의 구성이 한정식과 같지만 차려 내는 음식의 종류는 극히 적다. 밥 한 그릇을 만족스럽게 먹을 수 있는 딱 그 정도의 반찬이 차려진다. 구한말의 사진에서 백반의 원형을 보게 되는데, 주막에서 밥과 국 그리고 반찬 서너 가지의 소반 차림을 앞에 두고 찍은 사진들이다. 당시 가정에서 먹는 밥상과 큰 차이가 없을 것이다. 그때도 백반이라는 말이 있었는지는 알 수 없다.

일제강점기까지만 하더라도 이 땅에서 외식산업은 미미하였다. 국민의 대부분이 농민이었으니 집에서 밥을 먹지 바깥에서 음식을 사서 먹는 일은 흔하지 않았다. 1950년에 일어난 한국전쟁은 한민족을 폐허 속으로 밀어넣었는데, 그 폐허가 오히려 한국만의 독특한 외식업을 구축하게 해 주었다. 가정음식의 외식화이다.

전쟁으로 남자를 잃은 여자들은 안방에서 나와 생업 전선에 뛰어들어야 했다. 자본과 경험이 없는 여자들이 할 수 있는 일 중에 쉬운 것이 음식 장사였다. 가정의 부엌에서 해 먹던 음식 그대로 상을

음식이 집안의 음식이니
식당의 아주머니들도 손님을 가족 맞듯이 하였다.

차려 손님을 맞았다. 밥과 국, 반찬 몇 가지가 올려졌다. 국과 반찬
은 계절과 그날의 시장 상황에 따라 차려지는 게 달랐다. 그러니 차
림표에 특별히 적을 음식 이름이 있는 것도 아니었다. 그래도 음식에
뭔가 이름을 붙여야 했을 것인데, 그렇게 해서 만들어진 이름이 백
반白飯이다. 말 그대로 '하얀 밥'이다.

백반은 1980년대 이전까지 도시의 식당에서 가장 흔히 파는 음
식이었다. 식당 문을 열고 들어서며 "여기, 네 명" 하는 것으로 주문
은 끝났다. 음식이 집안의 음식이니 식당의 아주머니들도 손님을 가
족 맞듯이 하였다. 손님들도 대부분 고향을 떠난 노동자여서 백반을
자신의 집안음식처럼 여겼고, 그 음식을 내는 아주머니들을 어머니,
할머니, 이모처럼 여겼다. 백반을 현대식 외식 용어로 정리하자면 '가
정식'이 될 것이다.

남도음식

　남도란, 시대에 따라, 또 남도가 수식하는 뒷말에 따라 그 구획이 조금씩 달라지는 문화적 개념어이다. 소리나 굿 등 전통문화의 한 양식으로 남도를 구분할 때는 옛 마한의 지역이 대충 맞는다. 마한은 전라도 외에 충청과 경기 일부 지역까지 포함하였던 지역이니 남도는 실로 넓다. 한국전쟁 후 잠시 동안에는 남도를 북한 지역 외 전부를 뜻하는 말로도 썼다.

　남도를 지금의 광주광역시와 전라도 지역으로 한정하여 두루 사용하게 된 것은 1970년대부터의 일이다.

　한국전쟁 후 한국 전역은 급격한 산업화와 도시화 과정을 겪게 되는데, 전라도 지역은 농업 지역으로 남게 된다. 산업사회에 편입되지 못하는 대신에 전라도는 "전통문화가 살아 있는 지역"이라는 위무의 말을 듣게 되고, 그즈음에 전라도 지역의 전통문화가 남도문화라는 이름으로 널리 소개되었다. 남도민요, 남도소리, 남도굿, 남도놀이 등의 말도 만들어졌다.

남도음식은 남도문화라는 개념 안에서 곁가지를 친 단어일 뿐,
상차림이며 조리법의 특징 등이 반영된 개념어는 아니다.

남도음식이라는 말은 1980년대에 들어서야 쓰이기 시작하였다. 전라도 지역에 전통문화가 잘 보존되어 있으니 음식도 그러할 것이라 사람들은 생각하였으며, 전라도 지역에 가서 한 끼 먹고 오면 대단한 문화생활을 한 것으로 여겼다. 그러면서 전라도의 음식은 남도소리, 남도굿 등의 경우와 같이 남도음식이라는 이름을 얻게 되었다.

남도음식은 남도문화라는 개념 안에서 곁가지를 친 단어일 뿐, 상차림이며 조리법의 특징 등이 반영된 개념어는 아니다. 굳이 다른 지역의 음식과 구별하자면 젓갈류가 많고 양념이 강하다는 점이 특징이다. 바다에서 나는 음식재료가 풍부하고 겨울에도 날씨가 따뜻하여 생긴 특징이다.

06

궁중음식

조선시대 왕가가 먹던 음식을 궁중음식이라 한다. 조선은 유교 국
가였고 따라서 조선의 왕은 유교적 제사장으로서 기능하였으며 수
시로 여러 제사를 올려야 했다. 그 제사의 음식이 조선의 궁중음식
을 대표할 것이나, 대한민국 사람들은 조선의 왕족이 일상에서 먹었
던 음식을 두고 궁중음식이라 여긴다.

조선이 망하고 일본이 한반도를 지배하면서 조선의 왕가음식은
갑작스럽게 외식 상품이 되었다. 대령숙수였던 안순환이 명월관이
라는 요릿집을 차리고 조선 왕가의 음식이라며 여러 음식을 팔았다.
그때 명월관은 조선의 왕가음식으로 일본음식, 서양음식도 함께 내
었다. 대한제국기에 조선 왕가음식은 이미 '세계화'되었을 수도 있다.
고종이 서양음식을 즐겼다는 기록도 있다. 명월관 음식은 전국 기생
집 상차림의 모범처럼 여겨졌고 한정식의 한 맥이 되었다.

궁중음식에 또 하나의 맥이 있는데, 조선의 마지막 상궁이라는 한
희순 씨의 요리법을 황혜성 씨가 정리하여 이어 오고 있는 음식이다.

현재 대한민국에서 무형문화재로 여기는 궁중음식이란
정확히 표현하면 '일제하 조선 왕가의 음식'이라 해야 맞다.

일제는 조선의 왕가를 자신의 왕가로 편입하였다. 따라서 일제강점기 조선의 왕족은 제사를 지내지 않았고 제사음식의 맥도 끊어졌다. 단지 조선 왕족의 일상음식을 수발하는 일을 한희순 상궁이 하였는데, 그 음식을 황혜성 씨가 기록한 것이 대한민국 무형문화재로 지정되어 있는 조선의 궁중음식이다. 따라서 현재 대한민국에서 무형문화재로 여기는 궁중음식이란 정확히 표현하면 '일제하 조선 왕가의 음식'이라 해야 맞다.

이 일제하 조선 왕가의 음식을 두고 조선음식의 전형이라 착각할 수가 있는데, 조선의 왕가가 조선의 실제적 지배 세력이었기는 하지만 그 왕가의 인구를 계산하면 조선을 대표하는 음식이라 할 수는 없다. 더더욱, 한국음식의 대표라 할 수는 없다.

07

향토음식

향토음식이란 특정의 지역에서 나는 음식재료를 이용하여 그 지역 특유의 방법으로 조리되는 음식을 말한다. 그 특정 지역이란 경상도, 전라도, 충청도 식의 대분류도 가능하며 진주, 전주, 청주 식으로 시군 단위의 소분류도 가능하다.

향토음식이라는 개념 안에는 향토음식이 아닌 어떤 음식이 상정되어 있다. 한 국가의 중심에 있는 음식, 도시의 음식, 즉 한국의 상황에서 보자면 서울의 음식이 그 반대편에 있을 것이다. 서울'만의' 음식을 향토음식의 한 부류로 넣기도 하지만 보편적으로 말하는 서울음식은 향토음식의 반대말 정도로 여겨지고 있는 게 한국의 현실이다.

한국에서 향토음식이라는 말이 본격적으로 등장한 것은 1970년 대부터이다. 도시화, 산업화가 이루어지면서 고향을 떠나는 인구가 늘어나는 시점이다. 고향을 떠난 노동자들은 도시의 한복판에서 그 출신이 불분명한 음식을 사 먹게 되었다. 또 도시에서는 배우자의 선

도시화, 산업화의 비정에 향토음식이 위안이 되었기에,
또 그 위안이 '살인의 추억'까지도 잊게 할 수 있을 것이라 생각한
전두환 덕에 향토음식이 갑작스럽게 번창한 것이다.

택이 자신의 출신 지역을 넘어 이루어지게 되니 집안음식이라 하여
도 고향에서 먹던 그 음식이 아닐 수 있게 되었다. 음식으로 확보할
수 있는 자신의 지역적 정체성이 사라지게 된 것이다.

　1980년대 들면서 향토음식에 극적 사건이 일어난다. 광주 학살로
집권한 전두환 군사 정권은 1981년 여의도에서 '국풍'이라는 대규모
행사를 벌였다. 자신의 몸에 묻은 피 냄새를 국풍이라는 바람으로
날려 버리고 싶었던 것이다. 이 국풍 행사장에 전국의 유명 음식이
동원되었다. 고향을 떠나 서울에 살고 있는 도시민들에게 고향의 음
식을 코앞에 들이밀어 잔치 분위기를 만들었으며, 그 분위기에 휩쓸
린 사람들이 자신의 살인을 잊기 바랐던 것이다.

　국풍은 대한민국에 향토음식 바람을 크게 일으켰다. 충무김밥, 전
주비빔밥, 나주곰탕, 춘천막국수 등등의 '지명+음식명'의 향토음식
이 국풍을 기점으로 한국음식의 주요 항목으로 자리를 잡았다. 도
시화, 산업화의 비정에 향토음식이 위안이 되었기에, 또 그 위안이

'살인의 추억'까지도 잊게 할 수 있을 것이라 생각한 전두환 덕에 향토음식이 갑작스럽게 번창한 것이다.

08

진상품

향토음식에 대한 관심이 높아지면서 각 지역의 농수산물과 그 가공품들이 유명 음식임을 알리려는 마케팅이 치열해지고 있다. 그 음식들이 오랜 역사를 지니고 있다는 사실을 고증하고 조선의 왕가가 그 음식을 친히 챙겨 먹었다는 '스토리'를 만들고 있다. 그게 진상품이다. 이 진상품 마케팅이 범람하여 지방의 유명 산물 중에 진상품 아닌 것이 없다.

조선은 계급사회였다. 그 계급을 나누면 왕족, 양반, 중인, 상민, 천민이다. 왕족은 한반도에서 최고위 계급의 수탈자로 500년을 군림하였다. 이 수탈자로서의 왕족은 지방에 관리를 파견하여 자신들이 필요로 하는 물건을 거두어 올리게 하였다. 그 물건이 진상품이다. 왕가는 신하들에게 그 수탈에 들인 노력의 대가로 진상품을 나누어 주어 체제를 유지하였다.

진상이라는 단어에는 백성이 친히 임금에게 물건을 갖다 바친다는 뜻이 들어 있다. 그러나 실제로 백성이 자신의 산물을 스스로 갖

자신이 생산한 산물을 두고 진상품이라 자랑하는 것은
조상이 당한 수탈을 자랑스러워하는 것과 다르지 않다.

다 바치는 일은 없다. 왕가가 파견한 관리가 백성이 생산한 산물을
빼앗는 것이다. 조금 순화한 말로는 공출이라 할 수 있을 것이고, 그
정도가 심하면 수탈이라 해야 맞다. 왕가는 그 수탈의 대가로 최소
한 그 백성이 굶주림과 전쟁의 고통에 시달리지 않게 보살펴야 하는
것이 도리임에도 조선의 왕가는 그러지 못하였다.

지역의 특산 음식을 두고 진상품이라 자랑하는 사람들 중에 조선
왕가 출신은 없을 것이다. 일부 수탈에 참여한 조선 관리의 후손들
이 있을 수 있겠지만 대부분 조선의 왕가에 수탈을 당한 상민 이하
계층의 후손들일 가능성이 높다. 그러니 자신이 생산한 산물을 두고
진상품이라 자랑하는 것은 조상이 당한 수탈을 자랑스러워하는 것
과 다르지 않다.

진상품을 두고 일어나는 이러한 역사 인지의 불일치는 한국인에
게 아직 근대적 시민의식이 없다는 것을 방증한다. 아직 봉건의 몽
매에서 벗어나지 못하고 있는 것이다.

09

이천쌀밥

경기도 이천에 가면 국도변에 흔히 보이는 것이 이천쌀밥집이다. 이천에서 생산한 쌀로 밥을 하여 상을 차리는 음식점이다. 식당 규모는 대형이며 주말이면 앉을 자리가 없다. 상차림은 즉석에서 해내는 밥 한 그릇에 수많은 반찬들이 놓인다. 한정식 차림이다.

이천쌀밥집이 번창하는 것은 이천 쌀이 특별히 맛있다는 믿음 때문이다. 이천은 평야가 발달하여 예전부터 논이 많았고 쌀 주산지이기는 하였다. 그래서 수도권 주민들은 예부터 이천 쌀을 많이 먹었다. 그러나 이천 쌀이 맛있다는 대중의 믿음은 이런 체험의 결과로 얻어진 것은 아니다. 더더욱 과학적 검증으로 얻어진 것도 아니다. 진상미, 즉 조선시대 임금에게 진상한 쌀이었다는 것이 이 같은 대중적 믿음의 원천이다.

조선시대 이천의 쌀이 왕가에 들어간 것은 맞다. 그러나 이천의 쌀이 맛있어서 조선의 왕족들이 그 쌀의 맛을 보자고 가져간 것은 아니다. 이천의 토종 쌀 품종 중에 자채벼라는 것이 있었다. 이 쌀은

이천에서 자채벼의 쌀을 받아다 종묘에 갖다 바친 것이
이천 진상미의 근원이다.

극조생종 찰벼이다. 조선시대까지만 하더라도 이 쌀이 한반도에서
가장 일찍 수확되었다. 조선의 왕가는 제사를 잘 지내는 것을 가장
중요한 국가적 의무로 여겼다. 조선의 땅에서 처음 수확한 쌀이 있으
면 이를 가져와 제사를 지내는 것이 당연한 일이다. 이천에서 자채벼
의 쌀을 받아다 종묘에 갖다 바친 것이 이천 진상미의 근원이다.

　이천에서는 더 이상 자채벼를 재배하지 않는다. 품이 많이 드는
품종이라 1970년대에 도태되었다. 이천에는 여러 품종의 쌀이 재배
되어 그 주요 품종조차 알 길이 없다. 한국인에게는 이런 것이 중요
하지 않다. 이천쌀밥집에 앉아 조선 왕이 받았을 수라를 연상하며
그 밥을 먹는 것이다.

10

쌀

한민족 5,000년의 역사에서
처음으로 쌀을 넉넉히 먹을 수 있게 된 것은
1970년대 들어서이다.

한반도에서 쌀 재배는 선사시대부터 있었다. 8,000년 전의 것으로 보이는 불에 탄 쌀이 발견되기도 했다. 그러나 한반도에서 쌀은 늘 부족하였다. 태풍과 가뭄, 장마 등의 자연을 이겨 내는 데 어려움이 많았을 것이다.

일제강점기에 들어 벼농사에 근대적 영농 기술이 동원되었다. 논을 반듯하게 만들고 논물을 댈 수 있는 수리 시설이 조성되었다. 전국의 토종 벼 품종을 수거하여 계통을 세우고 품종을 개량하여 단위 면적당 수확량을 늘렸다. 이렇게 늘어난 쌀은 일본이 가져갔다. 한국인에게는 여전히 쌀이 부족하였다. 일제는 한국인에게 감자와 고구마를 심게 하여 이를 식량으로 삼게 하였다.

한민족 5,000년의 역사에서 처음으로 쌀을 넉넉히 먹을 수 있게 된 것은 1970년대 들어서이다. 1972년 보급된 통일벼가 쌀의 자급자족시대의 시작을 알렸다. 통일벼는 기존의 벼보다 수확량이 40% 많았다. 이 덕에 1980년대에 들면서 쌀이 남아돌기 시작하였다. 1인당

쌀 소비량이 줄어든 것도 한 원인이었다. 밥 대신 빵, 국수, 고기를 먹기 시작한 것이다.

1992년 통일벼는 퇴출되었다. 밥맛이 없었기 때문이다. 이즈음부터 쌀은 수확량이 중요한 것이 아니게 되었다. 맛이 중요하게 되었다. 경기미, 이천쌀, 여주쌀 등 지명을 붙인 쌀, 아키바레秋晴처럼 일본에서 도입한 품종이 인기를 얻었다.

2000년대 중반에 들면서 남아도는 쌀은 심각한 지경에 이르게 되었다. 쌀 소비는 지속적으로 줄어 가고 있는데 정부에서 이에 대한 뚜렷한 대책을 세우지 못한 것이다. 이명박 정부 들어서 대북 쌀 지원도 끊어졌다. 한반도에서 남쪽은 쌀이 남아돌아, 북쪽은 쌀이 모자라 큰 걱정을 하고 있다.

11

부엌

1970년대까지 한국에서는 여자가 음식을 하였다. 한민족이 농경 민족으로 살아온 먼 옛날부터 그랬을 것이다. 여자가 음식을 하는 공간을 부엌이라 하였다. 부엌은 여자들만 들어갈 수 있는 공간이었다. 여자들은 부엌에서 불을 지피고 음식을 하고 밥을 먹고 목욕을 하고 시어머니 욕을 하며 그렇게 살았다.

부엌 문턱을 넘으면 마당보다 낮은 부엌 바닥 때문에 계단이 두어 개 놓여 있었다. 오른쪽으로는 부뚜막이 있고, 거기에 이어 안쪽으로 찬장이 놓여 있었다. 부뚜막에는 떡을 찌거나 감자, 옥수수 따위를 삶을 때 쓰는 큰솥, 밥을 지을 때 쓰는 작은솥이 나란히 걸려 있었고, 그 옆에는 막걸리가 담긴 촛병이 있었다. 부뚜막 뒤편으로는 볏짚이며 나무 등 땔감이 쌓여 있었으며 그 옆에는 물독도 있었다. 그 위에는 살창이다. 시래기며 마늘, 마른 생선 따위가 새끼줄에 엮여 살창에 걸려 있었다. 찬장을 지나면 좁다란 나무 계단이 있었다. 광으로 쓰이는 다락이다. 쌀, 고구마, 감자, 고춧가루 등이 있고 제기들도 조그만 상자에 고이 모셔져 있었다. 부엌문을 나와 뒤편으로 돌면 장독대가 있었다. 규모가 있는 집안은 그 옆으로 광이 있었고 우물이 있었다. 여기까지가 여자의 공간, 부엌이었다.

부엌은 음식만을 하는 곳이 아니었다. 난방 시설도 겸하였다. 아궁이에 때는 불은 조리용이기도 하거니와 난방용이기도 하였다. 그래서 겨울에는 취사용 외로 군불을 지펴야 했다. 부엌은 목욕탕으로 쓰이기도 하였다. 큰솥에다 물을 데워 커다란 대야에 붓고 몸을 씻었다.

대문을 열고 마당에 서면 부엌은 문만 보이고 안이 보이지 않았다. 여자는 숨어 지내는 존재이므로 그의 공간조차 숨긴 것이다. 한국의 여자들은 부엌 안에서 불을 지피고 음식을 하고 밥을 먹고 목욕을 하고 시어머니 욕을 하며 그렇게 살았다.

한국의 현대 가옥에서 음식을 하는 공간은 주방이라 한다. 음식을 하는 공간임은 여전한데 이를 이르는 말이 바뀌었다는 것은 그 공간에서 일하는 사람, 작업의 종류 등등에 변화가 있다는 뜻이다. 현대 한국의 주방은 온 가족에게 열려 있고, 여자는 주방에 잠시 머물 뿐이다.

12

밥그릇

한국인의 상차림은 밥이 중심에 있다. 밥은 밥그릇에 담기는데,
한국인의 밥그릇에는 문화적 계통이 없다. 옛날에는 남자는 운두가
높은 발, 여자는 운두가 낮은 합을 썼다. 1960년대 초만 하더라도 이
밥그릇에는 나름의 문화적 계통이 유지되었다.

1960년대 중반 우리 밥상에 '공기'라는 단어가 등장한다. 한자를
번역하면 '빈 그릇'이다. 국가에서 밥그릇을 작게 하여 밥을 덜 먹자
는 운동을 벌이면서 등장한 밥그릇이다. 그렇게 하여 가정과 식당에
'공기'라는 국적 불명의 밥그릇이 퍼져 나갔는데, 한국인은 가정집에
서는 도자기 공기를 흔히 쓰고 식당에서는 스테인리스 스틸 공기를
쓰고 있다.

한국인이 가정에서 쓰는 밥그릇의 모양은 서양에서 온 것이 많다.
도자기 회사들이 혼수 식기 세트를 내면서 서양 그릇들의 본을 따와
만든 것이다. 그 변형들이 워낙 많아 도자기 회사들도 그 모양의 유
래를 알 수 없다고 한다. 서양에는 밥이 없으니 스튜 그릇이 우리 밥

그렇게 수십 년을 살다 보니
한국인은 자신들의 밥그릇 모양도 모르게 되었다.

그릇의 원형이 아닐까도 싶다. 그렇게 수십 년을 살다 보니 한국인은 자신들의 밥그릇 모양도 모르게 되었다.

식당에서는 스테인리스 스틸 밥그릇을 쓰는데, 그 모양은 합에서 따온 듯이 보인다. 그러나 놋쇠로 만든 합의 단아함은 느낄 수 없다. 특이한 것은, 이 스테인리스 스틸 밥그릇을 가정에서는 쓰지 않는다는 점이다. 식당에서는 밥을 미리 하여 스테인리스 스틸 밥그릇에 담아 두었다가 내는데, 한국인은 그 쇳내 나는 밥그릇에 대해 아무 불평을 하지 않는다. 식당음식에 대해 아예 기대를 하지 않는 것이거나 밥맛에 무신경하거나 하여 일어나는 일일 것이다.

그러는 사이, 식당용 스테인리스 스틸 밥그릇은 한국음식의 상징이 되어 인사동 등 관광 상품 가게에 진열되어 외국인에게 팔리고 있다.

13

젓가락

한국인의 젓가락은 스테인리스 스틸로 만들어져 있다. 젓가락을 식기로 쓰는 아시아 민족들 대부분이 나무 젓가락을 사용하는 것에 비하면 매우 특이한 일이다. 조선에서는 놋쇠 젓가락이 흔히 쓰였는데, 그 전통이 스테인리스 스틸 젓가락으로 이어지고 있는 것이다.

한때 스테인리스 스틸 젓가락이 '머리 좋은 한국인'을 상징하는 문화 상품으로 각광을 받기도 하였다. 논문 조작으로 결국 한국 지성계에 치욕을 남겼던 황우석 박사의 줄기세포 배양 기술은 정교한 손가락 놀림이 바탕이 되어 이룬 것이라 하는데, 그 손가락 놀림의 훈련이 스테인리스 스틸 젓가락 사용 덕에 만들어진 것이라는 소문이 돌았기 때문이다. 여기에 더해 이 스테인리스 스틸 젓가락을 사용하면 머리까지 좋아진다는 말도 생겼다. 스테인리스 스틸 젓가락에 대한 이런 신화는 극단으로 부풀려져 스테인리스 스틸 젓가락을 세트로 만들어 외국 귀빈에게 선물하는 일도 있었다.

한국인이 스테인리스 스틸 젓가락을 쓰는 이유가 아이들을 똑똑

나무 젓가락으로는 이런 일을 하기 어려우니
스테인리스 스틸 젓가락이 한국음식에서 여전히 유용한 것이다.

하게 키우기 위한 전략인 것은 아니다. 단지, 그릇에 담아내는 한국
음식에 문제가 있기 때문이다. 한국음식은 그릇에 담겨진 채로는 입
안에 넣을 수 없는 것들이 제법 있다. 특히 생선 요리의 경우 통으로
조리되어 놓이는 것이 일반적이라 젓가락으로 먹을 수 있는 부위와
먹을 수 없는 부위를 자르고 살점을 떼어 내는 작업을 하여야 입 안
에 넣을 수 있다. 때로는 김치도 젓가락의 양 끝으로 갈라야 입에 넣
을 수 있다. 갈비찜이니 떡갈비 같은 육류 음식도 바르고 자르는 작
업을 요구한다. 나무 젓가락으로는 이런 일을 하기 어려우니 스테인
리스 스틸 젓가락이 한국음식에서 여전히 유용한 것이다.

14

숟가락

국물 음식을 즐기는 한국인이 버티고 있으니
숟가락은 쉬 사라지지 않을 것이다.

일본, 중국과 다른, 한국음식문화의 한 특징으로 지적되는 것 중 하나가 숟가락의 사용이다. 그들 민족은 숟가락을 음식 옮기는 용도로만 쓰지 음식을 입에 넣기 위한 식기로 사용하지 않는다는 것이다. 한국인은 숟가락을 이용하여 밥과 국물 음식 따위를 입에 넣으니 숟가락의 활용도가 문화적 분별의 기준이 될 수 있다.

그런데 최근에 한국인의 음식 먹는 행동을 관찰하면 숟가락의 활용도에 큰 변화가 있다. 밥을 숟가락으로 먹는 일이 줄었다. 대체로 젓가락으로 밥을 떠서 먹는다. 밥그릇을 한 손에 들고 밥을 먹는 것이 예의에 어긋난다 하였으나 이제는 여기에 상관하는 사람도 별로 없다. 일본이나 중국의 음식 먹는 행동을 닮아 가고 있는 것이다.

젓가락으로 밥을 떠서 먹는 행동이 보편화되고 있는 것은, 그게 편하기 때문이다. 숟가락으로 밥을 떠서 입에 넣고 다시 그 숟가락을 놓고 젓가락을 들어 반찬을 먹는 게 불편한 것이다. 숟가락은 국물을 떠먹을 때에나 사용하는데, 특별히 국물 있는 음식 차림이 아니면 숟가락 한 번 사용하지 않고도 음식 먹는 일을 마칠 수 있다. 일본과 중국 등 아시아 국가의 음식문화와 한국음식문화의 차별점으로 흔히 말해지던 '수저 동시 사용'이 사라지고 있는 것이다.

숟가락 사용이 줄어들고 있다는 것은 한국음식에 국물 중심의 음식이 사라지고 있다는 증거로 볼 수도 있겠는데, 외식시장에서는 꼭 그런 것이 아니다. 푸짐한 탕이나 국밥류의 음식이 식당에서 여전히 잘 팔리며, 이런 음식은 숟가락 하나만으로 음식 먹는 것을 마칠 수 있을 정도이다. 국물 음식을 즐기는 한국인이 버티고 있으니 숟가락은 쉬 사라지지 않을 것이다.

15

국

한국인의 밥상에는 항상 국이 오른다. 밥과 반찬만으로 음식을 먹기에는 팍팍하여 국이 있는 것으로 보인다. 다른 민족의 상차림에 놓이는 물이나 술을 국이 대신하고 있는 것처럼도 보인다. 그러나 밥상의 구성과 음식 먹는 방법을 보면 물이나 술의 역할이 아니다. 국은 국물이 있는 반찬에 가깝다. 국 하나만 있어도 밥 한 그릇 맛있게 먹을 수 있다.

국의 미덕은 적은 재료로도 많은 양의 음식을 할 수 있다는 것이다. 먹을거리 없던 가난의 시대에 국은 매우 효율적인 음식이었다. 가령 쇠고기 한 근을 구우면 서너 사람이 만족스럽게 먹을 수 있는 데 반해 쇠고기 반 근에다 무, 시래기, 콩나물, 고사리 따위의 채소를 듬뿍 넣고 국을 끓이면 쇠고기 맛이 나는 건더기와 국물로 스무 사람도 만족스럽게 먹을 수 있다.

1970년대의 급속한 경제발전 이후 국이 바뀌었다. 밥을 잘 먹기 위한 '국물 있는 반찬'을 벗어나 단독으로 일품요리가 되고 있는 것이다. 그러면서 국이라는 이름도 버리고 있다. 탕, 전골로 불리기를 바란다. 특히 '탕' 자 돌림의 국은 한국음식문화에서 밥이 차지하고 있는 '끼니'의 경지를 넘보고 있다. 해물탕을 예로 든다면, 이때까지 국은 밥과 같이 먹는 음식이었는데, 해물탕은 국을 먼저 먹고 밥이 먹고 싶으면 남은 국물에 비비거나 볶아 먹는다. 국이 주된 음식이 되었고 밥은 먹어도 되고 안 먹어도 되는 부식 수준으로 강등당한 것이다. 복매운탕, 보신탕, 아구탕, 대구탕, 버섯전골 따위의 국들도 그렇다. 일면, 국이 일품요리로 발전하고 있는 과정이라고 볼 수도 있다. 또 다르게 보자면, 밥 중심의 한국음식문화가 바뀌어 가고 있다는 증거이기도 하다.

16

프로판 가스

한국 식당의 식탁에는 가스 불을 켤 수 있는 시설이 되어 있다. 이 가스 불에 손님들이 고기를 굽고 탕을 끓인다. 그러니까 식당의 주방에서는 미완성의 음식을 내놓고, 손님이 그 음식을 완성시키는 것이다. 한국 식당에서 이런 서비스를 제공하게 된 것은 프로판 가스 등장 이후의 일이다. 그러니까 1970년대 이후의 일이다. 물론 그 전에도 숯불을 화로에 담아내어 고기를 구워 먹는 식당이 있었지만 이건 고기에 한정된 일이었고, 또 그랬던 식당이 그리 많은 수도 아니었다. 고기도 커다란 화덕에서 구워 접시에 담아 내주는 식당들이 많았다.

손님이 식탁 위에서 직접 조리하는 방식을 한국음식의 한 특징으로 꼽아서 이를 '열린 음식'이라 설명하는 학자들이 있다. 음식의 맛을 조리하는 사람에게만 맡기는 것이 아니라 먹는 사람이 직접 관여를 하는 구조라는 것이다. 그 반대의 세계음식들을 두고 '닫힌 음식'이라 설명하고 있는데, 한국의 '열린 음식'이 세계의 '닫힌 음식'보다

문화적 우위에 있는 듯이 말하고 있다.

과연 한국음식의 소비자, 즉 한국인은 자신이 먹는 음식에 대해 깊이 관여를 하고 싶어 식탁 위에 그 가스 불을 놓게 한 것일까. 한국 소비자들은 주방으로 들어가고 싶은 것일까. 종업원이 가스 불에 끓거나 구워지는 음식을 일일이 손봐 주는 식당들에 대해서는 또 어떤 설명을 붙일 수 있을까. 관찰도, 사색도 없이 '열린 구조', '닫힌 구조' 같은 그럴듯한 학문적 언어로 희롱을 일삼는 한국의 학자들이 한심한 것이다.

식탁 위에 가스 불이 놓인 것은 식당 운영의 한 방편으로 선택된 것이다. 한국의 식당들은 대부분 높은 가겟세와 인건비에 허덕인다. 조리 과정을 손님에게 떠넘기면 주방을 좁혀 손님 더 받을 수 있는 공간을 만들 수 있고 인건비를 줄일 수 있다. 단지 그 이유일 뿐이다.

17

삼겹살

한국인이 가장 좋아하는 음식이 삼겹살이다. 삼겹살은 돼지고기 부위를 말하기도 하며 음식 이름이기도 하다. 고기와 지방이 교차하여 세 겹으로 쌓인 돼지고기 부위를 삼겹살이라 하며, 또 이를 어떤 식으로든 구워 먹는 음식도 삼겹살이라 부른다.

1970년대 초반만 하더라도 돼지고기는 굽기보다는 삶아서 먹는 것이 일반적이었다. 커다란 솥에 돼지고기를 삶아 놓고 손님이 오면 이를 썰어 올렸다. 1970년대 식당에 프로판 가스가 공급되면서 불판을 놓고 돼지고기를 굽기 시작하였다. 초기에는 부위는 중요하지 않았다. 소금구이거나 양념구이였다. 여러 부위를 구워 먹다 보니 지방이 많은 쪽이 맛있다는 것을 알게 되었고, 그 부위를 따로 떼어 팔았다. 그게 삼겹살의 시작이다.

삼겹살의 맛은 거의 지방에 기대고 있다. 지방이 타면서 내는 고소한 냄새와 그 지방이 입 안에서 씹히면서 내는 야들한 촉감을 한국인은 즐기는 것이다. 여기에 상추와 된장, 생마늘, 풋고추가 더해져

쌈으로 싸 먹는데, 한국인은 웬만한 음식은 다 이런 식으로 쌈을 싸 먹는 습관을 가지고 있다.

한국인은 고기를 실컷 먹을 수 있을 정도로 경제 사정이 넉넉한 것이 아니다. 어쩌다 가끔 직장 동료와, 친구와, 가족끼리 회식을 한다. 쇠고기는 비싸다. 그 바로 아래의 것이 돼지고기이다. 기왕에 회식을 하는데, 돼지고기일지언정 최고의 부위를 먹자는 마음을 가질 수 있을 것이다. 목살도, 앞다릿살도 아닌 삼겹살. 삼겹살이라 이름만 붙었지 때로는 목살이며 앞다릿살이 나와도 삼겹살로 여기고 먹는 일이 흔하다. 한국인에게는 삼겹살이라는 부위가 중요한 것이 아니라 삼겹살이라는 그 이름이 중요한 것이다. 차상위 고기, 중산층임을 확인할 수 있는 고기인 것이다.

18

돼지

사육 비용이 덜 드는 흰 돼지를 키우고 있음에도
한국인은 세계 최고 가격의 돼지고기를 먹고 있다.

한반도에 토종 돼지가 있었다. 체구가 작고 번식력이 떨어지며 맛이 없었다. 일제강점기에 이 토종 돼지는 퇴출되고 개량되었다. 일제는 토종 돼지와 같은 검정색의 털을 가지고 있는 버크셔Berkshire종의 사육을 권장하였다. 현재 한국인이 토종 돼지라 부르고 있는 흑돼지들은 이 버크셔종과 혈통이 섞이어 있는 잡종이 대부분이다.

해방 이후 일제가 유지하던 버크셔 중심의 돼지 축산 정책이 바뀌었다. 흰색의 요크셔Yorkshire와 랜드레이스Landrace, 갈색의 듀록 Duroc 등이 경제성을 이유로 도입되었다. 1970년대 들어서면서 대규모 돼지 사육이 시작되면서 흰색의 요크셔가 주종을 이루게 되었다. 사료를 먹이는 것에 비교하여 돼지고기를 가장 많이 생산하기 때문이었다. 돼지고기 값은 싸졌지만 맛이 없어졌다.

1990년대에 들면서 전국적으로 흑돼지 바람이 불었다. 강원과 제주, 지리산 권역에서 '흑돼지의 부활'을 주도하였다. 버크셔의 피가 섞인 잡종이었지만 소비자는 이 흑돼지 고기를 맛있어하였다. 그러나 흑돼지는 크게 번지지 못하고 있다. 요크셔에 비해 사육 비용이 많이 드는데, 그 비용을 지불할 만큼 소비자의 주머니가 넉넉하지 못하기 때문이다.

　사육 비용이 덜 드는 흰 돼지를 키우고 있음에도 한국인은 세계 최고 가격의 돼지고기를 먹고 있다. 사료를 수입에 의존하고 있는 탓도 일부 있지만 삼겹살에 치중된 소비 행태 탓이 더 크다. 돼지 한 마리에서 나올 수 있는 삼겹살의 양은 한정되어 있다. 그런데 사람들은 삼겹살만 줄창 먹으니 삼겹살은 늘 부족하고 그러니 삼겹살 가격은 무지 비싸다. 반면에 다른 부위의 돼지고기는 팔리지 않아 창고에 쌓인다. 팔리지 않는 돼지고기의 가격은 삼겹살 가격에 붙을 수밖에 없다. 그런데 앞으로도 이 비효율적인 일에 대한 개선 가능성은 없어 보인다. 한국인 각자는 자신만 삼겹살을 안 먹으면 사회적 왕따가 될 수 있다는 생각을 하는 듯하다. 한국인이 먹는 것 앞에서 보이는 이기심은 가끔 돼지의 탐욕스러운 먹성을 뛰어넘는다.

19

소

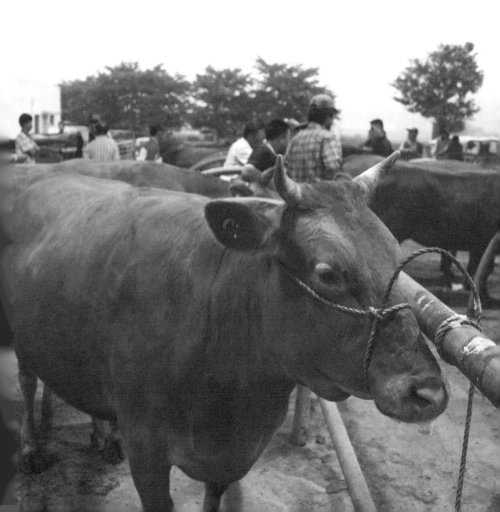

한국의 소를 한우라 한다. 한자로 韓牛이다. 이 말이 만들어진 역사는 분명하지 않은데, 1950년대부터 쓰인 것으로 추정된다. 한우를 좀 더 명확히 정의하자면 '한반도의 재래 소'가 될 것이다. 즉, 한반도에서 오래전부터 있어 왔던 소를 말한다.

한우는 일소이다. 애초에는 고기를 먹기 위한 소로 길러진 것이 아니라는 말이다. 한민족은 논밭을 갈고 물건을 나르는 데 한우를 썼다. 소가 사람의 일을 맡아 하니 사람처럼 취급하였다. 정월이면 옷을 지어 입혀 주었고 봄 농사를 시작하기 전에는 밥상에 음식을 차려 주었다.

일제는 한우에서 일소 외의 가치를 발견하였다. 성질이 온순하여 키우기 편하고 고기가 맛있으며 가죽의 질도 좋았기 때문이다. 일제는 한우 사육을 권장하였다. 이런 축산 정책에 의해 일제강점기 초기에는 한우가 급격하게 늘어났다. 그러나 일본이 태평양전쟁을 일으키면서 사정이 달라졌다. 군수용 고기와 가죽을 위해 상당수의 한우가 징발되었다. 해방 후에도 사정은 나아지지 않았다. 한국전쟁 통에 한우는 축산 기반을 거의 잃다시피 한 것이다. 1960년대에 들어선 후에야 한우는 농가의 주요 소득원으로 다시 자리를 잡기 시작하였다.

한민족은 신석기시대 농경의 시작과 함께 소를 키웠다. 그런데 유물에서 소의 흔적은 잘 보이지 않는다. 고대 벽화에서는 말을 타고 달리는 사냥도가 흔하고 옛 그림에서도 말과 나귀를 탄 나그네가 등

장한다. 청동기와 철기시대의 유물로는 말 장신구만 쏟아져 나올 뿐
이다. 또 그릇 등 각종 유물에 묘사되어 있는 동물은 학, 거북, 용, 사
자 등이며 소는 보이지 않는다. 유물에 소와 관련된 것이 극히 적은
까닭은 유물을 남긴 사람들이 그 시대의 지배자들이기 때문이다. 소
는 그 시대의 피지배자인 농민들의 가축이었다. 그들은 소를 부리면
서 농사를 지었으나 그 기록을 그림 등으로 남길 형편이 아니었으며,
또 부장품으로 넣을 수 있을 정도의 물건을 가지고 있는 것도 아니
었다. 소는 민중인 것이다.

20

불고기

쇠고기에 간장양념을 하여 불에 굽는 음식을 불고기라 한다. 김치와 함께 한국의 전통음식을 상징하는 음식이다. 그래서 불고기의 기원을 먼 고구려의 맥적에서 찾아 유구한 전통의 음식으로 여기며 자랑스러워한다.

한국어에서 음식명 짓기의 원칙은 '재료+조리법'이다. 떡+볶이, 제육+볶음, 감자+튀김, 김+말이, 김치+찌개, 된장+찌개, 삼계+탕, 대구+탕, 아구+찜. 이는 '목적어+동사'로 문장을 만드는 알타이어계의 언어구조에 따른 것이다. 물론 원칙이 있으니 변칙도 존재한다. 조리된 음식의 모양새나 맛 등의 특징을 잡아 이름을 붙이는 방식인데, 이런 음식명은 그다지 많지 않다.

그런데 불고기는 이런 한국어 언어구조에서 벗어난다. 불火(조리 방법)+고기肉(재료)이다. 한국음식명 중에 '불'로 시작하는 단어가 불고기 외에는 불닭, 불닭발, 불오징어 정도 있다. 이때의 '불'은 '붉은' 혹은 '매운'의 의미로 쓰이면서 뒤에 붙은 닭이나 오징어를 형용하는

불고기라는 이름이 등장한 것은
1930년대 일제강점기 때의 일이다.

접두어다. 불고기가 '붉은 쇠고기 요리' 혹은 '매운 쇠고기 요리'를
지칭하는 것이 아닌 한, 같은 작명법에 따른 것이라 볼 수 없다.

'조리 방법+재료'의 구조를 가지고 있는 한국음식명이 불고기 외
아주 없는 것은 아니다. 최근래 개발되고 작명된 찜닭이 있고 중국
음식인 볶음밥, 동남아에서 건너온 볶음국수가 있으며 비빔밥, 비빔
국수, 군밤, 군옥수수, 군고구마 등등이 있다. 그러나 이 '조리 방법
+재료'는 한국음식명에서 극히 일부이며, 앞에서 말한 변칙의 예라
할 수 있을 것이다.

불고기라는 이름이 등장한 것은 1930년대 일제강점기 때의 일이
다. 일본에 우리의 불고기와 조리법 및 그 음식명의 구조가 유사한
음식이 있다. 야키니쿠, 즉 燒肉이다. 燒불+肉고기. 불고기는 燒肉의
한글 번역일 수 있다. 일제강점기에 조선어운동을 하였던 원로 국어
학자 고 김윤경 선생이 1965년 한 인터뷰에서 "처음에는 생소하고
듣기 어색했지만 벤토 대신에 도시락이, 돈부리 대신에 덮밥이, 야키

니쿠 대신에 불고기라는 말이 성공한 것은 얼마나 좋은 예냐"라고
말한 적이 있다.

21

맥적

불고기의 역사는 고구려시대의 맥적에 닿아 있다는 주장이 있다. 그 근거로 제시하는 것이 최남선의 《고사통》이다. 아래는 최남선이 《고사통》에서 맥적에 대해 설명한 글이다.

중국 진晉나라 때의 책 《수신기搜神記》를 보면 "지금 태시太始 이래로 이민족의 음식인 강자羌煮와 맥적貊炙을 매우 귀하게 안다. 그래서 중요한 연회에는 반드시 맥적을 내놓는다. 이것은 바로 융적戎狄이 쳐들어올 징조이다"라고 경계하였다는 이야기가 있다. 맥적에는 대맥大貊과 소맥小貊이 있었으며, 한대漢代에서 이것을 즐겨 맥적을 중심으로 차린 연회를 맥반貊盤이라 하였다. 강羌은 서북쪽의 유목인을 칭하는 것이고, 맥貊은 동북에 있는 부여인과 고구려인을 칭한다. 즉 강자羌煮는 몽골의 고기 요리이고, 맥적貊炙은 우리나라 북쪽에서 수렵생활을 하면서 개발한 고기구이이다.

《수신기》는 중국 동진東晉(4세기경)의 역사가 간보干寶가 편찬한 설화집이다. 역사서가 아니다. 온통 귀신 이야기이다. 조선의 책으로 보자면《고금소총》정도 될 것이다. 최남선이 보았던 그《수신기》의 원문이다.

胡床, 貊槃, 翟之器也; 羌煮, 貊炙, 翟之食也. 自太始以來, 中國尚之. 貴人富室, 必畜其器, 吉享嘉賓, 皆以爲先. 戎, 翟侵中國之前兆也.

호상胡床, 맥반貊槃은 적족翟族이라는 민족이 쓰는 용기의 이름이고 강자羌煮, 맥자貊炙는 적족이 먹는 음식의 이름이다. 그런데 진무제 태시 연간부터 중원 지구에는 이런 도구와 음식이 유행되었다. 귀족들과 부자들의 집에는 모두 그런 용기들을 갖추어 놓고 희사 때 귀빈들이 오면 우선 그런 용기와 음식을 상위에 내놓는다. 이것은 서융西戎과 북적北翟이 중원지역을 침범할 징조를 미리 보인 것이다.

—《수신기》, 중국 연변인민출판사, 2007년 발췌

《수신기》는 맥적을 맥족이 아니라 적족의 음식이라 적어 놓고 있다. 적족이 한민족인지는 알 수 없는 노릇이다.

22

설하멱

조선시대 문헌에 쇠고기구이로 등장하는 설하멱, 설하멱적이라는 음식이 있다. 조리법이 지금의 불고기와 유사하다 하여 불고기의 원형으로 여긴다. 《산림경제》에 설하멱적雪下覓炙, 《증보산림경제》, 《규합총서》, 《임원십육지》 등에 설하멱雪下覓 등이 기록되어 있다. 윤숙자 교수가 《규합총서》에 나온 내용 등에 따라 설하멱 조리법을 정리하였는데, 핵심을 적으면 다음과 같다.

쇠고기를 썰어서 편으로 만들고 이것을 두들겨 연하게 한 것을 대나무 꼬챙이에 꿰어서 기름장으로 조미해서 기름이 충분히 스며들면 숯불에 굽는데, 구운 것을 급히 물에 담갔다가 꺼내어 굽고 또 물에 담그는 일을 세 번 되풀이하고 기름을 바른 후에 또 굽는다.

그냥 구우면 될 일인데 왜 중간에 물에 담그고 굽고를 반복할까. 겉이 타지 않게 굽는 방법의 하나일 것이다. 조선시대의 상황을 떠올

려 보면 쇠고기를 왜 이렇게 조리하였는지 쉽게 이해할 수 있다. 소를 잡아 정육을 할 때 지금처럼 고기를 얇게 썰 수 없었다. 냉동기가 없으니 상온 상태의 쇠고기는 무를 것이고 무쇠칼이 그렇게 잘 들지도 않았을 것이다. 따라서 고기가 뭉텅뭉텅 썰리었을 것이고 이를 숯불에 속까지 굽자니 방망이질을 하는 것으로도 모자라 물에 담글 수밖에 없는 것이다.

설하멱 식 고기구이 방식은 중국과 중앙아시아에 널리 퍼져 있다. 커다란 꼬챙이에 고기를 꿰어 숯불에 굽는 요리이다. 이름이 '샤슬릭'이다. 샤슬릭을 구울 때 그들은 분무기로 계속 물을 뿌린다. 겉을 태우지 않고 속까지 익히기 위해 그러는 것이다. 분무기 없었을 시대에는 우리의 설하멱처럼 물에 담갔을 것쯤은 충분히 짐작할 수 있다.

그러고 보면, 샤슬릭이 설하멱과 발음상 유사하게 들리지 않는가. 음차하여 한자로 쓴 것일 수도 있는 것이다.

23

쇠갈비구이

한국인에게 쇠갈비는 한때 신분 과시용 음식이었다. 가든에 앉아 쇠갈비 정도는 뜯어야 중산층 이상에 든 것으로 여겼다. 가든은, 커다란 유리창이 달린 식당 건물 앞에 정원이 있고 그 정원에는 분수가 있었다. 종업원들은 호텔 직원처럼 유니폼을 차려 입었다. 그러나 고기를 굽고 먹고 마시고 하는 것은 한국식의 어수선함을 허용하였다. 가든은 교양은 없으나 돈은 있는 한국 졸부들의 허영을 묘하게 충족시키면서 번창하였다.

쇠갈비구이의 역사는 경기도 수원에서 비롯하였다. 예부터 수원에는 돈이 많이 돌았다. 조선시대 서울의 양반들은 빈곤하였다. 관직에 올랐다 하더라도 왕가에서 많은 돈을 준 것은 아니었다. 예나 지금이나 돈 있는 사람은 장사치들이다. 수원에는 커다란 장이 섰고 장사치가 많았으며 그래서 돈도 많았다. 먹는 것도 서울보다 나았다는 말이 있다. 해방 이후 수원의 한 장사치가 쇠갈비 식당을 내었다. 화춘옥이라는 식당이다. 이 식당을 선두로 수원에 여러 쇠갈빗집이 서울의 졸부들은 고기 맛을 몰랐다.
소금 간이니 심심하였던 것이다.

생겼다. 서울보다 넉넉한 삶이 수원에 있었다는 뜻이다.

1970년대 서울에 강남 개발 바람이 불었다. 복부인을 비롯한 강남 졸부들이 생겼다. 그들의 호주머니를 노린 사람들이 갈빗집을 강남에 차렸다. 그게 가든의 시작이다. 요리사들은 수원에서 데리고 왔다. 그런데 수원갈비가 강남으로 오면서 맛이 바뀌었다. 애초 수원갈비는 소금으로 간을 한 것이었다. 고기 맛을 즐기기에는 이게 맞는 조리법이다. 서울의 졸부들은 고기 맛을 몰랐다. 소금 간이니 심심하였던 것이다. 그래서 들척지근한 간장양념으로 갈비를 재웠다. 서울갈비가 탄생한 것이다.

1990년대에 들면서 쇠갈비는 등심에 밀렸다. 갈비보다 좀 더 부드러운 고기가 맛있다는 사실을 알아차린 것이다.

24

소등심구이

등심구이의 등장은 마블링의 역사와 함께 한다. 지방이 끼이지 않은 등심 부위는, 생고기일 경우 질기고 맛이 없기 때문이다. 그러니까 마블링이 된 등심이 나온 후에 등심구이가 번창하게 된 것이다.

쇠고기 등심 부위에 지방이 얼마나 많이 또 얼마나 촘촘히 박혀 있는가를 두고 쇠고기의 질을 따지는 일은 1980년대 후반에 생긴 일이다. 이 지방의 교잡을 두고 상강, 마블링이라 한다. 마블링이 된 쇠고기가 맛있다고 여기게 된 것은 일본의 영향이다. 일본인은 부드러운 음식을 선호한다. 쇠고기에서도 그런 부드러움을 추구하였고, 그렇게 하여 마블링이 잔뜩 된 쇠고기를 최상급으로 여기게 되었다. 오랜 쇠고기 식용 역사를 가지고 있는 유럽인의 시각으로 보면 참 묘한 기호인 것이다.

한국의 식육 전문가들은 거의 일본에서 공부를 하였다. 그들은 일본의 마블링 쇠고기 선호를 보고 그대로 따라하였다. 한국에 와서 마블링 쇠고기가 가장 맛있다 소문을 낸 것이다. 마침내 1992년에

쇠고기 등심 부위에 지방이 얼마나 많이
또 얼마나 촘촘히 박혀 있는가를 두고 쇠고기의 질을 따지는 일은
1980년대 후반에 생긴 일이다.

마블링 정도를 기준으로 하는 도체 등급제가 시행되었다. 1등급이니
1등급 투뿔이니 하는 등급이 만들어진 것이다.

 기름이 잔뜩 끼인 등심을 굽자니 숯불이 맞지 않게 되었다. 무쇠
불판이 등장하였다. 고기의 고소함을 더하기 위해 이 불판은 쇠기름
등으로 코팅이 되었다. 가운데가 움푹한 불판을 만들어 쇠기름에 튀
기다시피 하는 등심구이도 등장을 하였다. 쇠고기를 먹는 것이 아니
라 쇠기름을 먹으며 맛있다 하고 있는 것이다.

 한국인은 아직 쇠고기 맛을 모른다. 단지, 쇠고기를 먹으며 자신
의 사회적 계급이 한 단계 상승하는 것 같은 쾌감을 느끼며 그 기름
덩어리를 먹고 있을 뿐이다.

25

떡갈비

쇠갈비의 살을 발라 다져 양념을 하고 뼈를 가운데 두고 살을 두 툼하게 붙여서 구운 음식이다. 쇠갈비의 살이 적으니 여기에 돼지고 기를 더하기도 하는데, 돼지고기의 기름이 떡갈비를 부드럽게 만드 는 노릇을 한다.

떡갈비라는 이름은 다진 고기를 치댈 때 떡을 치듯이 한다 하여 붙은 이름이라는 설이 있으며, 그 완성된 모양이 제사상의 시루떡 올린 모양 같다 하여 떡갈비라 하였다는 말도 있다. 떡처럼 차진 식 감이 난다 하여 떡갈비라고 했을 수도 있다. 어떤 설이든 고기에 '떡' 자가 붙어 있으니 고향이나 시골의 음식처럼 여겨지고, 그 때문인지 지방 소도시의 떡갈빗집들이 이름을 날리고 있다. 그 유래 지역에 대해 의견이 분분하나 특정한 지역에서 발명되었다고 보기는 어렵다. 시각을 조금 넓히면 떡갈비나 햄버거 스테이크나 그 조리법이 유사 하여 같은 계열의 음식이라 할 수 있으니 그 발생 지역을 독일에 넘 길 수도 있는 음식인 것이다.

떡갈비의 번창은
한국인의 편중된 식습관이 만들어 낸 별종의 일이다.

　2000년대 말에 들어 떡갈비는 갑작스럽게 전국의 음식으로 번졌다. 고깃집에서도 이 메뉴를 흔히 볼 수 있으며 각종 식품매장과 홈쇼핑 등에서도 팔고 있다. 심지어 재래시장에 소규모 프랜차이즈 좌판 떡갈비가 큰 인기를 누리고 있다. 떡갈비가 궁중음식이라는 말까지 만들어 판매 활동을 벌이고 있다.

　떡갈비의 번창은 한국인의 편중된 식습관이 만들어 낸 별종의 일이다. 한국인은 소는 등심, 돼지는 삼겹살을 최고로 여긴다. 이 부위에서 벗어나는 고기는 비선호 부위라 하여 판매량이 극히 적다. 식당이나 육류업체에서도 이 비선호 부위를 어찌 처치할 것인가를 두고 여간 고민이 아니다. 그 출구 중의 하나가 바로 떡갈비인 것이다. 조금의 갈빗살과 기타 비선호 부위의 살을 한데 섞어 다져서 떡갈비를 만들어 파는 것이다. 돼지 비린내가 심하게 나는 일도 곧잘 있지만, 버리는 것보다야 낫다.

26

떡

밥 이전에 떡이 있었다. 이는 조리 기구의 변천과 관련이 있다. 밥을 짓기 위해서는 무쇠솥이 필요한데 삼국시대까지만 하더라도 쇠붙이는 무기로나 쓰였으니 시루로 찌는 떡이 주식이었을 것이다. 또 도정 기술의 발달도 염두에 두어야 한다. 벼에서 속겨까지 벗겨 내는 기술은 쉬 이루어질 수 있는 게 아니다. 겉겨 벗기고 이를 가루 내어 떡으로 해 먹었던 시기가 꽤 길었을 것이다. 삼국시대 유물에 시루가 많이 보이는 것에 주목할 필요가 있다.

중앙집권의 국가 형태가 완성되기 전 한민족은 부족 단위의 삶을 오랫동안 살았다. 그 부족의 결속은 혈연을 기반으로 하였을 것이다. 사유화된 재산보다 부족 공동의 재산이 더 많았을 것이다. 부족 전원이 공동의 취사와 공동의 식사를 하기는 어려웠을 것이나 적어도 한 가계도 안에 존재한다고 인지하는 사람들끼리는 공동의 취사를 하였을 것이다. 1960년대까지 한국 농촌 곳곳에 있었던 씨족 마을에 대한 기억을 더듬어 보면, 적어도 8촌까지는 한 가족과 같은 취 한국인은 추석이나 설날 등 명절에는 떡을 한다.
최소한 떡을 사서 먹는다.

급을 하였다. 옛날에는 그 범위가 더 넓었을 것이다.

이 대목에서 공동의 취사를 하는 한민족의 조상을 상상해 볼 수 있다. 시루라는 도구도 그리 흔하지는 않았을 것이고, 특히 불을 관리하는 일이 어려웠을 것이니 부족 안에서 몇몇의 '대가족'들이 뭉쳐 공동으로 끼니를 해결하는 모습을 상상하는 것은 어렵지 않다. 시루에 곡물가루를 안치고 떡을 쪄서 두루 둘러앉아 먹는 한민족의 조상들. 그러니까 떡은 공동체의 음식인 것이다.

한국인은 추석이나 설날 등 명절에는 떡을 한다. 최소한 떡을 사서 먹는다. 그 먼먼 옛날 공동체에 대한 향수를 되새기는 것이라 할 수 있다. 한민족의 유구한 공동체 정신이 떡에 있는 것이다.

27

떡국

떡국은 떡이 주식이었던 시대부터 있었을 것이다. 떡은 식으면 쉬 굳는다. 또 잘 말리면 오래도록 보관할 수도 있다. 딱딱하게 굳은 떡은 그냥 먹기가 힘들다. 당시 전자레인지가 있어 돌릴 수 있는 것도 아니었다. 떡을 다시 부드럽게 만드는 방법으로는 물에 넣어 데우는 것이 가장 쉽다. 또 물이 들어가니 양이 늘어나기도 한다. 미리 떡을 해 저장해 두었다가 물에 데워서 국처럼 내놓는 음식, 즉 떡국은 떡이 주식이었을 당시 가장 흔히 먹었던 음식이었을 수도 있다.

설날의 차례는 새해를 열면서 조상신에게 제물을 올리는 행사이다. 1년 중 가장 중요한 제례이다. 조상신에게 올리는 음식은 그 조상이 일상에서 즐겨 먹었던 것으로 차린다. 조상신이 잘 먹어야 한다고 생각하기 때문이다. 일부 유학자 집안에서 익히지 않은 제물을 제사상에 올리는 것도 이와 같은 이유 때문인 것이라 할 수 있는데, 화식火食 이전 그 머나먼 조상들의 음식이 '전래'되고 있다고 봐야 한다. 그러니까 떡국은 아주 먼먼 옛날부터 오랫동안 한민족의 조상이

동양의 떡국들은 평상시에는 잘 먹지 않다가
설날에는 꼭 챙겨 먹는 것이 똑같다.

주식으로 먹어, 식재료가 바뀌고 도정 기술과 조리 기구가 발달하여 밥이 주식이 되고 난 다음에도, 조상신을 기리거나 공동체 의식을 되살리는 행사, 그중에서도 최대의 행사인 설에는 꼭 내놓아야 하는 음식으로 자리를 잡고 있는 것이다.

　일본과 중국에도 설날 떡국이 있다. 일본은 된장이나 가다랭이로 맛을 낸 국물에 찹쌀떡을 넣은 '오조니'를 먹고, 중국에서는 쌀로 만든 경단을 국물에 넣은 '탕위앤'을 먹는다. 이 동양의 떡국들은 평상시에는 잘 먹지 않다가 설날에는 꼭 챙겨 먹는 것이 똑같다. 일본과 중국 떡의 유래도 한민족의 떡국 유래와 다르지 않을 것이다.

28

꿩

옛날에는 떡국의 국물을 내기 위해 꿩을 썼다고 한다. 겨울에 꿩 사냥하기가 쉬워 꿩을 썼을 것이다. 사냥으로 잡은 꿩은 눈에 박아 두면 겨우내 쓸 수가 있었고, 설날이면 아직 눈이 녹을락 말락 할 때 이니 저장된 꿩이 충분히 있었을 것이다.

'꿩 대신 닭'이라는 속담이 떡국의 국물을 낼 때 꿩이 귀하여 닭을 쓰면서 생긴 말이라 하는데, 꼭 그렇지도 않다. 양계가 산업으로 정착하기 이전만 하더라도 설날 무렵 닭은 무척 귀하였다. 닭은 봄이 되어야 알을 품고 병아리를 치니 겨우내 농가의 닭은 달걀을 생산하는 암탉 몇 마리에 수탉 한 마리 정도 있었을 것이다. 겨울에 쉬 잡아먹을 수 있는 가축이 아니었던 것이다. 꿩은 냉면 육수에도 쓰는 등 겨울에 흔히 먹던 음식재료이니 '꿩 대신 닭'은 떡국과 관련된 속담이라기보다 숲이 우거져 꿩을 잡기 어려웠을 때, 즉 겨울이 아닌 계절에 먹었던 음식과 관련이 있을 수 있다. 아니면 음식과 전혀 관련이 없는 속담이었다가 양계산업으로 닭이 흔해지면서 그 뜻이 변

'꿩 대신 닭'이라는 속담은
꿩이 닭보다 더 맛있는 음식일 것이라 상상하게 한다.

하였을 수도 있다.

'꿩 대신 닭'이라는 속담은 꿩이 닭보다 더 맛있는 음식일 것이라 상상하게 한다. 그래서 식도락가들은 꿩고기를 찾아 먼 길을 나서기도 한다. 그러나 실제로 꿩고기가 그렇게 맛있는 것은 아니다. 가슴살을 얇게 저며 회로 먹든가 살짝 데쳐 먹으면 그런대로 먹을 만하지만 푹 삶았을 때는 잡내가 많이 난다. 냉면에 가끔 꿩고기 완자를 넣기도 하는데, 그 차가운 국물에서도 누린내를 훅 올린다.

동물은 대체로 야생에 가까울수록 누린내가 심하다. 한국인은 대부분 사육된 가축을 먹으며 살아와 야생에 가까운 꿩고기는 어색할 수 있는 것이다. '꿩 대신 닭'은 이제는 아무 쓸모가 없는 속담일 수 있다.

29

냉면

살얼음 끼인 동치미 국물에 육수 더하여
이가 시리도록 먹는 겨울음식이 냉면이었던 것이다.

아, 이 반가운 것은 무엇인가

이 히수무레하고 부드럽고 수수하고 슴슴한 것은 무엇인가

겨울밤 쩡하니 익은 동티미국을 좋아하고 얼얼한 댕추가루를 좋
아하고 싱싱한 산꿩의 고기를 좋아하고

그리고 담배 내음새 탄수 내음새 또 수육을 삶는 육수국 내음새
자욱한 더북한 삿방 쩔쩔 끓는 아르굴을 좋아하는 이것은 무엇인가

이 조용한 마을과 이 마을의 으젓한 사람들과 살틀하니 친한 것
은 무엇인가

이 그지없이 고담枯淡하고 소박素朴한 것은 무엇인가

(댕추가루 : 고춧가루, 탄수 : 식초, 아르굴 : 아랫목)

백석의 시 〈국수〉 중 일부이다. 백석이 살던 시대의 국수는 지금 우
리가 냉면이라 부르는 음식이다. 정확히 하자면, 평양냉면이라 부르는
음식이다. 지금도 평양에서는 냉면이라 하지 않고 국수라 부른다.

백석의 시에 나오는 계절은 겨울이다. 겨울이 원래 냉면을 먹는 계절인 것이다. 냉장고도 없던 시절이니 여름에 차갑게 먹을 수도 없었고, 살얼음 끼인 동치미 국물에 육수 더하여 이가 시리도록 먹는 겨울음식이 냉면이었던 것이다.

시대가 바뀌어, 한국인은 냉면을 한여름에 먹는다. 여름이 시작되면 방송과 신문들이 일제히 냉면집 풍경을 보여 준다. 여름음식으로 굳히기를 하고 있는 것이다. 서울 을지로에 있는 냉면집들은 겨울에는 없는 파리도 날리다 여름이 온다 싶으면 가게 앞에 줄을 선다. 여름에 이 냉면집들에 한 번이라도 오지 않으면 큰 난리가 날 것처럼 군다. 여름의 냉면은 고담이나 소박한 맛과 거리가 있다. 그냥 시원할 뿐이다. 냉면은 하얀 눈이 내리는 겨울 풍경이 있어야 그 맛이 사는 것이다.

30

소바

한국에서 메밀로 만드는 국수는 크게 평양냉면, 막국수, 일본식 메밀국수인 소바 세 종류로 나눌 수 있다. 주재료는 메밀이지만 국수 만드는 방법과 맛의 포인트는 다르다. 평양냉면과 막국수는 메밀 반죽을 국수틀에 넣고 눌러 뽑는다. 소바는 칼국수처럼, 반죽을 넓게 펴서는 칼로 썬다. 평양냉면은 육수와 면의 조화를 중시하는 음식이고, 막국수는 면과 양념의 조화에 맛의 포인트가 있다. 소바는 메밀 맛 그 자체를 간장양념인 쓰유가 얼마나 잘 받쳐 주느냐가 관건이다.

한국의 소바는 한국식 소바이다. 한국식으로 개량된 것이다. 특히 쓰유는 달고 심심하여, 짠맛이 강한 일본식 쓰유와는 맛에서 확연히 차이가 난다. 이는 일본인과 한국인이 소바 먹는 방식을 달리하면서 일어난 일이다. 일본에서는 처음엔 메밀국수를 쓰유에 끝만 담갔다 먹다가 메밀국수의 물 때문에 쓰유가 점점 싱거워지면 메밀국수를 쓰유에 푹 담가서 먹는다. 이에 반해 한국 사람들은 처음부터 쓰유에 메밀국수를 말아 버린다. 그러니 쓰유는 한국인의 식습관에 맞추어 짜지 않게 변하였다. 대신에 많이 달아졌다.

일본식으로 다 따라할 필요는 없지만, 일본의 소바를 한국식으로 해석해 먹으면서 소바 즐기는 일 하나를 놓치고 있다. 메밀국수를 담가 먹었던 쓰유를 그냥 두는 일이다. 여기에 메밀국수 삶은 물을 타 마시면 맛있다. 평양냉면집에서도 메밀국수 삶은 물이 나오면 간장을 약간 타서 마시면 맛있다.

평양냉면과 소바는 그 맛이 사촌 정도로 가깝지만 한국인은 아주 먼 음식으로 여긴다. 평양냉면집에 자리가 없으면 소바집으로 가는 것이 아니라 함흥냉면집으로 간다. 함흥냉면은 평양냉면과 소바의 친분도에 비하면 일면식도 없는 남남일 것이다.

31

함흥냉면

질긴 면을 두고 치감을 느끼는 것도 미식가의 일이라며
가위질을 하지 않았다가는 크게 낭패를 볼 수 있다.

애초에 감자의 전분으로 면을 내려 고춧가루양념으로 비빈 후 명태식해를 올려 먹는 것을 함흥냉면이라 하였다. 요즘은 고구마 전분으로 만든 면이 흔하고 명태식해 외 홍어무침, 명태포무침 등등이 오른다. 이런 변화에도 여전히 함흥냉면인데, 함흥에는 진작에 이런 냉면이 없다는 말도 있다. 서울에서 평양냉면 식당들이 번창하자 감자 전분으로 면을 만들고 여기에 매운 양념으로 비벼 함흥냉면이라 이름을 붙였다는 것이다. 감자 재배의 역사가 그리 긴 것이 아니니 '함흥냉면 서울 탄생설'에 충분히 일리가 있다.

그릇에 담긴 국수에 가위를 대기 시작한 것은 함흥냉면 때문에 생긴 일이다. 감자나 고구마의 전분으로 내린 면은 굉장히 질기다. 이로 자르려 하여도 잘 되지 않는다. 그래서 가위가 등장한 것이다. 이 질긴 면을 두고 치감을 느끼는 것도 미식가의 일이라며 가위질을 하지 않았다가는 크게 낭패를 볼 수 있다. 함흥냉면은 잘라야 하는 것이다. 그런데 왜 주방에서 잘라 먹기 좋게 내놓으면 되는 일을 이렇게 복잡하게 만드는 것일까.

냉면집은 주로 여름 한철 장사이다. 이때 바짝 벌지 않으면 겨울을 버티지 못한다. 냉면을 최대한 빨리빨리 내어야 한 테이블이라도 더 돌릴 수 있으니, 여름 냉면집 주방은 난리통이 따로 없다. 그렇다고 종업원을 더 뽑을 수도 없다. 곧 찬바람이 불면 손님이 떨어져 나갈 것이기 때문이다. 그래서 그 질긴 면을 주방에서 자르지 않는 것이다. 손님들의 손으로 주방의 일손을 더는 것이다.

함흥냉면의 맛은 일반의 비빔국수와 별다른 차이점이 없다. 양념이 비슷하기 때문이다. 딱 하나 아주 질긴 면이 차이점이라 할 수 있는데, 한국인은 그 면이 질기다는 것에 대단한 만족을 얻고 있다. 면은 무엇이든 쫄깃하여야 좋은 것이라는 착각을 하고 있는 것인데 쫄깃함을 넘어 질기기까지 하니 최상의 맛이라 여기는 것이다. 이러니, 그 면이 감자인지 고구마인지도 관심이 없는 것이다.

32

막국수

막국수 앞에 춘천, 봉평 등의 지명이 붙지만 원래는 한반도 여러 곳에서 흔히 먹던 음식이다. 메밀로 면을 만드는 평양냉면과 비교를 한다면 형제지간의 음식이다. 특히 강원 해안가의 몇몇 막국수는 평양냉면과 거의 흡사한 맛을 낸다.

막국수나 평양냉면이나 면을 내리는 방식은 똑같다. 메밀가루가 60~80% 들어가고 그 외는 밀가루가 배합된다. 이를 반죽하고 국수틀에 넣어 눌러 뽑는 것도 똑같다. 그런데 막국수와 평양냉면은 그 면의 색깔이 다르다. 막국수는 검고 평양냉면은 희멀그레하다.

막국수의 면이 검은 것은 메밀의 겉껍데기가 들어가 있기 때문이다. 평양냉면에는 거의가 이 겉껍데기를 넣지 않는다. 면에 겉껍데기를 갈아 넣는다고 별다른 풍미가 더해지는 것이 아니다. 식감은 오히려 떨어진다. 반죽하기도 힘들어진다. 그러면 겉껍데기를 왜 넣는 것일까. 순전히 때깔을 위해서이다.

이 겉껍데기 투여를 두고 메밀 가공업체와 식당들은 소비자 탓을 한다. 막국수의 면이 검어야 메밀 함량이 높은 것으로 알고 있으니 그런다는 것이다. 흰색의 면을 내었다가 메밀이 아니라고 항의받는 일도 있다고 한다. 흥미로운 것은 메밀 가공업체나 식당 입장에서는 소비자의 인식을 굳이 바꿀 의사가 없다는 것이다. 메밀 겉껍데기가 들어가면 제조단가가 내려가니, 소비자의 이런 착각이 더 좋은 일일 수도 있다.

사정이 이러니 식품 제조업체들은 더 신바람이 난다. 메밀가루 아주 조금 넣고 색깔만 검게 하여 메밀국수라고 파는 것이다. 보리를 볶아서 넣기도 하고 색소를 더하기도 한다. 쫄깃한 식감을 좋아하는 한국인을 위해 거의 당면 수준의 전분면에다 색소 넣고 막국수라 내놓아도 불평불만 없이 잘 먹는다. 한 번 잘못 박힌 인식은 쉬 바로 잡히지 않는 것이다.

33

닭갈비

이름이 닭갈비이지만 닭의 갈비로 요리하는 것이 아니다. 닭의 모든 부위를 다 쓴다. 그렇다고 쇠갈비나 돼지갈비의 양념이나 조리법과 비슷한 것도 아니다. 매운 양념으로 채소와 범벅을 하여 팬에 볶아서 먹는다. 정확히 부르자면 닭채소양념볶음이 맞다.

닭갈비는 강원 춘천에서 시작한 음식이라 하지만 그 비슷한 음식이 강원 지역 여러 곳에서 발견되는 것으로 보아 꼭 그런 것도 아니다. 춘천의 것이 어쩌다 유명해졌을 뿐이다. 닭갈비의 최초 형태는 번철에 닭과 채소를 넣고 볶는, 흔히 '닭도리탕'이라 부르는 음식이 아니었나 싶다. 번철은 가운데가 오목하여 국물을 더할 수 있고 고기를 다 먹은 후 밥이며 국수를 볶을 수도 있어 지금의 평평한 불판보다 더 효율적으로 조리할 수 있다. 강원 지역에서는 지금도 번철을 쓰는 닭갈빗집들이 있다.

닭갈비는 외식산업이 크게 확장되던 1990년대 최고의 히트 상품이었다. 전국의 번화가에 닭갈빗집이 진출하였다. 고기 굽는 기분을 내며 술을 마실 수 있었고 마지막에 남는 양념에 밥을 볶아 먹으니 끼니까지 해결할 수 있어서 서민들의 저녁거리로 더없이 좋은 음식이었다. 번화가의 1급 상권에 진출한 닭갈비였지만 그 안의 인테리어며 탁자는 선술집 분위기를 연출한 것도 특이한 일이었다. 연탄불을 피우는 것이 아님에도 드럼통을 탁자로 삼았으며, 재떨이를 주지 않고 담배꽁초를 바닥에 버리고 비벼 꺼도 되게 하였다. 서민의 술집이라는 이미지를 확실하게 한 것이다.

닭갈비가 '쇠갈비의 짝퉁'이라는 것을, 쇠갈비 못 먹는 서민들이 닭고기로 쇠갈비 먹는 기분을 내는 것이라는 사실을 소비자 스스로들 잘 알고 있어 오히려 그 서민의 분위기를 극대화하여 즐긴 것이다. 그러나 닭갈비는 1990년대 후반 급격한 몰락의 길을 걷게 된다. 찜닭에 밀린 것이라 하는데, 같은 갈비인 수입 쇠갈빗살에 밀린 것이라 보는 것이 더 맞다. 갈빗살이라는 이름으로 팔린 그 수입 쇠고기는 늑간살이었다.

34

찜닭

찜닭은 1990년대 중반 경북 안동에서 혜성처럼 나타났다. 닭 한 마리를 여러 부위로 잘라 달고 매콤한 간장양념에 조린 음식이다. 같은 닭 음식임에도 닭갈빗집은 서민의 인테리어를 한 반면 찜닭집은 세련된 도회 분위기를 연출하였다. 당시 전 세계에 유행하던 젠 스타일의 인테리어를 한 찜닭집도 있었다. 이런 변화는 외식산업의 중심 소비자가 바뀌고 있다는 의미이기도 했다. 닭갈비는 직장인 음식처럼 보였고 찜닭은 대학생 음식처럼 보였다. 부의 축적을 완성한 중산층 이상 계급의 2세대가 외식시장에 등장한 시점이라 볼 수 있을 것이다.

찜닭의 맛은 단순하였다. 짜고 달고 매운맛이 다였다. 커다란 생닭을 쓰고 양념 재는 시간도 없이 단시간에 조리해 내니 닭고기는 맹탕의 맛을 내었다. 당시 국내 외식 프랜차이즈 업체들은 음식 제조 노하우가 없어 다국적 프라이드 치킨 업체의 닭에 염지나 침지를 한다는 것도 잘 알지 못하고 있었다.

한두 해 흐르자 그 젊은 입맛들도
찜닭 맛의 모자람을 알아차리기 시작하였다.

찜닭의 맛이 모자란다 하여도 초기 시장의 확장에는 크게 흔들림
이 없었다. 닭갈비와는 달리 찜닭의 주요 소비자는 젊은이들이었고
그들의 입맛도 아직 어려 그 단순한 맛에도 잘들 먹어 주었다. 그러
나 한두 해 흐르자 그 젊은 입맛들도 찜닭 맛의 모자람을 알아차리
기 시작하였다. 찜닭집들이 몰락한 것은 순식간이었다.

안동에서는 찜닭집들이 여전히 장사를 잘하고 있다. 찜닭 바람이
불 때 너도나도 프랜차이즈 사업이 뛰어든 안동의 그 조그만 찜닭집
들도 여전하다. 찜닭은 지방의 한 향토음식이 프랜차이즈 시장에 들
어오면서 발생할 수 있는 모든 경우를 다 보여 준 사례의 하나로 기
록될 것이다.

35

닭

한반도에는 오래전부터 닭이 있었다. 지금도 그 토종의 닭 품종이 유지되고 있다는 사람들이 있는데, 그 닭이 토종인지는 장담할 수 없다. 일제강점기에 이미 외래종으로 품종 개량을 하였으며 한국전쟁 후 미국이 구호 차원에서 대량으로 농가 사육용 닭을 공급하였기 때문이다. 닭은 세대가 짧고 군집으로 생활을 한다. 이와 같은 상황에서 토종의 닭이 유지될 수 있다면 기적에 가까운 일일 것이다.

한국인이 먹고 있는 닭의 종자는 거의가 미국과 영국에서 수입을 한 것이다. 고기를 먹는 닭이니 육계라 한다. 이 닭들은 부화 후 먹을 수 있을 정도로 자라는 데 30여 일밖에 걸리지 않는다. 이 외래종 닭은 이를 육종한 그들 나라 사람들의 기호에 맞춰 개량을 한 것이다. 그들은 닭을 굽거나 튀겨 먹는 일이 흔하니 지금 한국인의 주방에 들어와 있는 닭은 구이용 또는 튀김용이라는 뜻이다. 이를 가지고 삼계탕이나 백숙, 닭찜, 닭죽 등 한국음식을 하면 맛이 많이 비게 될 수밖에 없다.

지금 한국인의 주방에 들어와 있는 닭은
구이용 또는 튀김용이라는 뜻이다.

시중의 토종닭은 '토종닭 비슷한 닭'이라 여기면 된다. 이 닭들이
그 나름대로 한국음식에 잘 어울리는 맛을 낸다. '토종닭 비슷한 닭'
으로는 청리닭, 고려닭, 원협3호, 우리맛닭 등이 있다. 특히 우리맛닭
은 국립종축원(국립축산과학원의 전신)에서 15년간 연구하여 품종을
안정화한 닭으로 한국인의 입맛에 맞춘 닭이라는 것이 큰 특징이다.

알을 낳는 산란계의 고기를 먹기도 한다. 산란계는 고기가 약간
질긴데 이를 삶으면 우리 입맛에 웬만큼 맞다. '웅추'라는 닭이다. 외
래종 산란계 수컷으로 50여 일 키워서 낸다.

한국인은 시골 여행 중 마당에서 자라는 닭이면 다 토종닭이라
생각하고 이를 귀히 여기며 잡아먹곤 한다. 그러나 아무리 깊은 산
중의 시골집 마당의 닭이라 해도 외래종이다. 첩첩산중 구석구석까
지 다 세계화되어 있는 것이다.

36

삼계탕

© 김성수

복날음식으로 삼계탕이 번창하게 된 것은
값싼 닭고기의 공급이 있었기 때문이다.

　음식 이름만으로는 닭에 인삼을 듬뿍 넣고 끓인 것으로 보이지만
찹쌀, 대추, 마늘, 감초, 계피 등 여러 부재료가 들어가며, 인삼은 여
러 부재료 중 하나일 뿐이다. 유독 인삼을 강조한 이름을 달고 있는
것은 인삼이 비싸기 때문이기도 하고 한국을 상징하는 건강식품이
기도 하기 때문이다. 1960~70년대만 하더라도 계삼탕이라는 이름으
로도 불렸으나 1990년대 이후 다들 삼계탕이라 부른다. 싼 닭보다
비싼 인삼이 앞으로 나와 있는 것이 맛있고 건강에 좋은 느낌을 주
므로 식당 주인과 소비자들이 삼계탕이라는 이름을 선택한 것이다.

　삼계탕은 복날음식이다. 복날이 되면 사람들은 삼계탕집 앞에 긴
줄을 선다. 그러나 삼계탕이 복날음식이 된 것은 그 역사가 길지 않
다. 원래 한국인은 복날이면 개장국을 먹었다. 계곡에서 개를 잡아
가마솥에 끓여 더위에 지친 몸을 돌보았다. 이승만 정부는 개장국
이 비위생적이라는 핑계로 판매를 못하게 하였다. 식당들은 정부의
단속을 피하기 위해 개장국, 구장, 개장 등의 이름을 버리고 보신탕

이라 간판을 바꾸었다. 개장국집은 간판을 바꾸는 것만으로도 단속을 피할 수 없게 되자 뒷골목으로 숨었다. 이승만 이후 정부들도 개장국에 대해 비슷한 입장을 유지하였다. 개장국이 음지의 음식이 되니 복날 대체음식이 필요하였다. 그렇게 하여 등장한 것이 삼계탕이다. 1970년대의 일이다.

복날음식으로 삼계탕이 번창하게 된 것은 값싼 닭고기의 공급이 있었기 때문이다. 삼계탕용 닭은 육계 중에서도 아주 작다. 뚝배기에 닭 한 마리가 다 들어가고 이를 1인분으로 판다. 이 삼계탕용 닭은 부화 후 20여 일 만에 잡는다. 거의 병아리 수준이다. 병아리를 먹는다는 죄책감을 줄이기 위해 등장한 말이 영계이다. 영계는 원래 3개월 정도 자란 닭을 가리킬 때 쓰는 말이었다.

37

프라이드 치킨

한국인은 닭을 삶아 먹었지 굽거나 튀기는 일은 없었다. 1960년대 들어 통닭구이집이 생겼다. 닭 한 마리를 기름에 튀기거나 전기로 구웠다. 통닭구이는 특히 겨울음식으로 인기를 얻었는데, 크리스마스 이브에 케이크와 함께 이 통닭구이가 상에 올랐다. 1970년대 들어 통닭구이는 생맥주와 결합하여 도심의 여러 식당에서 내었다. 대학가에 생맥줏집이 생기고 시장마다 닭집 골목이 형성된 것도 이즈음의 일이다.

1980년대 초 미국의 프라이드 치킨이 들어왔다. 켄터키 프라이드 치킨이 그 선두에 섰다. 미국식 프라이드 치킨은 닭 한 마리를 여섯 조각으로 나누고 여기에 튀김옷을 입힌 후 압력튀김솥에서 튀겨 낸 것이다. 이 미국식 프라이드 치킨은 순식간에 한국 외식산업의 중심이 되었다. 쇠갈비를 뜯을 수 없는 정도의 서민 가족에게 프라이드 치킨은 "나도 중산층이다"라는 위로를 선사하는 외식음식이었다.

2011년 대형 유통업체인 롯데마트가 '통큰치킨'이라는 프라이드 치킨을 시중 가격의 3분의 1에도 못 미치는 가격에 내었다. 그러면서 기존의 프라이드 치킨이 폭리를 취하고 있다는 말이 돌았다. 고기로 치자면 기존의 프라이드 치킨만으로도 쇠고기나 돼지고기보다 훨씬 싼 음식임에도 소비자들은 이보다 더 싼 '통큰치킨'에 열광하였다. 프라이드 치킨이 서민의 음식으로 인식되었던 그 긴 세월이 순식간에 '거짓과 폭리의 시간'으로 변하는 것을 목격하여야 했다. 서민의 음식이라는 것이 그 음식의 가격에 있는 것이 아니라 서민이 지불할 수 있는 능력 안에 있음을 확인한 일이기도 하였다.

미국식 프라이드 치킨은 양념통닭, 마늘통닭, 파닭, 닭강정 등 수많은 한국식 변형 프라이드 치킨을 탄생시켰다. 이 때문인지 한국 프라이드 치킨 업체가 외국에 점포를 개설한 일을 두고 한식 세계화의 사례로 널리 홍보되기도 하였다. 켄터키의 그 수염 기른 할아버지 대신 갓 쓰고 두루마기 입은 선달이라도 그 가게 앞에 서 있는 것인지.

38

달걀

한국인이 먹는 동물성 단백질 중 가장 싼 것이 달걀일 것이다. 닭이 달걀을 워낙 많이 낳기 때문이다. 그러나 1970년대 이전만 하더라도 달걀은 귀하였다. 산란계의 대량 사육이 없었기 때문이다. 농가에서 겨우 몇 마리 키우는 닭에서 달걀을 거두어 시장에 내었고, 소비자들은 큰마음 먹어야 달걀 한 꾸러미를 살 수 있었다.

달걀을 낳는 산란계의 종자는 외국에서 수입해 오고 있다. 한국에서는 대부분 갈색 산란계를 수입하여 시장에는 갈색 달걀만 있다. 산란계는 크게 백색 산란계와 갈색 산란계가 있는데 한국에서만 유독 갈색 산란계만 선호하고 있는 것이다. 1990년대 달걀 판매업자들이 갈색 달걀이 토종닭 달걀인 듯이 홍보하면서 벌어진 일이다. 백색 산란계가 사료 효율이 높고 질병에 강하여 여러모로 이득인데, 잘못된 정보로 인해 한국인 전체가 비효율적인 소비를 하고 있는 것이다. 일본의 시장에는 흰색 달걀만 있다.

양계업자들이 갈색 산란계를 선호하는 데에는 또 다른 이유가 있다. 산란계 중 생산성이 떨어지는 닭은 고기닭으로 파는데, 알록달록한 갈색 산란계의 때깔로 인해 토종닭으로 팔 수 있기 때문이다. 산란계의 고기는 육계에 비해 약간 질긴데 이를 토종닭이라 팔아도 소비자들은 그 구별을 할 수가 없다. 양계업자들이 갈색 산란계로 "알 먹고 고기 먹고" 하는 것이다.

흰색 달걀은 1년에 딱 한 번 부활절을 앞두고 소비가 급상승한다. 부활절 달걀은 껍데기에 그림을 그리는데, 흰색 달걀이 그림을 그리기 좋기 때문이다. 일부 양계업자는 이 부활절 특수에 맞추어 백색 산란계를 키우기도 하는데, 워낙 짧은 기간의 소비여서 이도 차츰 사라져 가고 있다.

한국인은 토종음식에 대한 집착은 대단한데, 그 대부분의 집착은 정확한 정보를 바탕으로 하는 것이 아니어서 이처럼 비효율적이며 비합리적인 현상이 벌어지기도 한다.

© 김성수

39

브랜드 달걀

한국인은 달걀 소비에 브랜드를 중시한다. 달걀의 브랜드는 대체로 그 닭이 무엇을 먹었는가에 집중하고 있다. 키토산 달걀, 인삼 달걀, 오메가3 달걀 같은 것이다. 닭에게 특정의 성분을 먹였다고 하여 달걀에 그 특정의 성분이 늘어나는 것이 아님을 언론에서 여러 차례 보도하였음에도 소비자의 이런 '오해'는 지속되고 있다. 2000년대 들어서는 특정의 유통업체 브랜드 달걀을 선호하는 버릇들이 생겼다. 그렇게 하여, 대형 식품매장에 깔려 있는 달걀 브랜드만 하더라도 수십 종에 달하여 소비자는 그 선택에 큰 혼란을 겪는다.

달걀은 농민이 직접 시장에 내는 일이 거의 없다. 중간에 집배 시스템을 갖춘 조직이 있어 세척, 선별, 포장, 유통 등을 하게 되는 것이다. 이 같은 집배 시스템을 가장 큰 규모로 가지고 있는 곳이 한국양계조합이다. 전국의 달걀이 양계조합으로 모였다가 전국의 소비지로 흩어져 나가는 것이다. 이 조합이 내는 달걀의 브랜드는 수십 종에 이른다. 조합이 스스로 브랜드를 만드는 일은 없다. 대형 유통업체에

축산물 중에 달걀이 유독 브랜드 혼란이 심한 것은
달걀이 서민의 식품이기 때문일 것이다.

서 이런저런 브랜드를 요구하면 거기에 맞추어 브랜드 달걀을 만드는 것이다. 브랜드는 소비자 트렌드에 맞추어지는데, 위생이 강조되는 추세이면 '청정 달걀', 건강이 강조되는 때이면 '영양 달걀' 하는 식이다.

축산물 중에 달걀이 유독 브랜드 혼란이 심한 것은 달걀이 서민의 식품이기 때문일 것이다. 한국이 경제대국이라 하지만 빈부의 차이는 극심하여 쇠고기, 돼지고기 같은 고급의 동물성 단백질이 골고루 나누어지고 있지 못하다. 서민이 쉽게 구할 수 있는 것은 달걀인데, 그 달걀이라도 영양가 있는 것으로 선택하려는 욕망이 브랜드에 투사되어 있는 것이다.

40

삶은 달걀

한국인은 삶은 달걀에 대해 애틋한 감성을 공유하고 있다. 소풍 갈 때에, 먼 길을 떠날 때에 그 가방 안에는 삶은 달걀이 으레 들어 있었다. 기차 안 홍익회 수레에도 삶은 달걀이 있었다. 한국인의 여행음식으로 삶은 달걀은 오랫동안 사랑을 받았다.

양계산업이 번창하기 전, 달걀은 집 마당에서 얻어지는 것이 전부였다. 씨암탉이 내는 달걀은 귀한 것이라 그 집안의 남자 어른들이나 먹을 수 있었다. 여분의 달걀이 있다 하여도 어린 자식들에게 돌아갈 몫은 없었다. 한 알 한 알 모아 장날에 내어 팔아야 하기 때문이었다. 이 귀한 달걀이 자식들 몫이 될 수 있었던 때는 소풍 가는 날 정도였다. 소풍 가방에는 도시락과 과자 한 봉지, 사이다 그리고 삶은 달걀 몇 알이 들어 있었다. 자식이 성장하여 외지로 돈 벌러, 공부하러 나갈 때에도 삶은 달걀을 챙겨 주었다. 삶은 달걀을 싼 봉지 안에는 꾸불꾸불 써 내려간 어머니의 편지가 들어 있었다.

1990년대 들면서 삶은 달걀은 찜질방으로 자리 이동을 하였다.

소풍 가방에는 도시락과 과자 한 봉지, 사이다
그리고 삶은 달걀 몇 알이 들어 있었다.

삶은 달걀에 더해 구운 달걀도 나왔다. 찜질방은 목욕과 찜질을 하
는 공간으로 구성되어 있지만 그 공간이 소비되는 행태를 관찰하면
일종의 가족 소풍 장소라 할 수 있다. 휴일에 온 가족이 먹을 것 이
것저것 싸 들고 가는 곳이 찜질방이다. 일주일 동안 직장과 학교로
뿔뿔이 흩어져 지낸 가족이 모여 앉아 '찜질방 소풍'을 즐기면서 먹
는 음식으로 삶은 달걀이 선택될 수 있는 것은 소풍에 대한 어린 시
절의 추억이 작동하기 때문이다. 그 옛날 어머니가 물려준 가족 사
랑을 찜질방에서 자신의 아이들에게 대물리고 있는 것이다.

　2000년대 말 찜질방 문화가 쇠퇴하면서 삶은 달걀 먹는 일도 많
이 줄어들었다. 찜질방 같은 가족 소풍 공간을 잇는 또 다른 '방'이
등장하지 않고 있는 것으로 보아 이제는 핵가족도 낱낱의 개인으로
쪼개어지는 것이 아닌가 싶다.

41

호두과자

1970년 경부고속도로가 개통되면서
호두과자는 한국의 길거리 과자로 자리를 굳힌다.

한국의 고속도로 휴게소에 반드시 있는 것이 호두과자이다. 도로
가 막혔을 때 등장하는 군것질거리 행상의 손에도 반드시 호두과자
가 들려 있다. 한국인의 대표 길거리 과자라 할 수 있을 것이다.

호두과자는 일제강점기에 만들어진 것이다. 천안의 '학화호두과자'
에서 시작되었다는 것이 정설이다. 호두과자와 유사한 것으로는 풀
빵, 국화빵, 붕어빵 등이 있는데, 이들도 다 일제강점기에 만들어진
것이다. 만들어졌다기보다, 엄밀히 말하면 일본에서 유입된 것이다.

곡물을 가루 내어 찌면 떡이 되고 구우면 빵이 된다. 동양에서는
떡을 먹었고 서양에서는 빵을 먹었다. 이는 동서양의 주요 곡물이 쌀
과 밀이었다는 차이에서 발생한 일이다. 쌀은 떡을, 밀은 빵을 만들
기에 좋은 것이다. 일본에서도 떡을 주로 먹었다. 일본은 특히 떡 안
에 팥소 넣는 것을 즐겼다. 모치라 흔히 부르는 팥소찹쌀떡이다. 일
본은 서양의 빵을 받아들이면서 자신들의 떡 전통과 결합한 새로운
음식을 개발하였다. 빵 안에 팥소를 넣은 것이다. 이게 단팥빵이며,

이를 화덕 없이 구울 수 있게 만든 것이 호두과자 같은 것들이다.

일제는 서울과 남쪽 지방을 잇는 철도로 경부선과 호남선을 만들었다. 서울에서 대전까지는 단일의 노선이고, 대전에서 경부선과 호남선으로 갈렸다. 천안역은 경부선과 호남선의 기차가 다 선다. 서울과 남쪽 지방을 오가는 통로의 역 중에 천안역에서 많은 고객들을 만날 수 있는 것이다. 마침 천안역 앞에는 호두과자를 만드는 가게들이 있었고 행상들이 호두과자를 받아다 천안역에 정차하는 기차에 올라 손님들에게 팔았다. 이 호두과자 행상은 해방 이후부터 있었다고 한다.

1970년 경부고속도로가 개통되면서 호두과자는 한국의 길거리 과자로 자리를 굳힌다. 고속도로에 휴게소가 들어섰고 여기에서 호두과자가 팔리게 된 것이다. 호두과자는 길이 만들어 낸 음식이다.

42

호떡

1882년 임오군란 때 청나라 군대와 함께 화상華商이 한반도에 들어왔다. 화상들은 어느 나라에서든 음식 장사로 크게 흥하는데, 한반도에서도 예외가 아니었다. 고급음식은 청요릿집을 열어 팔았고 싼 음식은 구멍가게에서 팔았다. 그 싼 음식 중 하나가 호떡이었다.

요즘 호떡은 간식으로 먹지만 일제강점기 때만 하더라고 끼니를 때우는 음식이었다. 1920년대 신문기사를 보면 경성 안에 설렁탕집이 100군데인데 호떡집이 150군데라고 적고 있다. 또 호떡집이 늘면서 설렁탕집이 그만큼 줄고 있다고 한탄하고 있다. 화상들이 호떡 팔아 번 돈을 본토로 보내어 조선의 경제가 어려워지고 있다는 한탄이다.

호떡은 원래 화덕에 굽는 빵이었다. 장작이나 갈탄으로 불을 일군 화덕에 넣고 구웠다. 반죽을 두툼하게 하였으며 그 안에는 흑설탕을 넣었다. 호떡 하나가 끼니가 될 정도로 컸다. 여기에 중국식 발효차를 곁들여 먹었다.

한반도의 화상들은 일본의 대륙 침략과 한국전쟁을 거치면서 상당수 외국으로 빠져나갔다. 한국과 중국의 단절은 화상의 활동에 방해가 되었다. 또 화상들이 한국 내에서는 부동산을 소유할 수 없게 한 법이 화상을 내쫓는 역할을 하였다. 그러면서 번창하던 호떡집들도 몰락하였다.

화상이 많이 없어졌다고는 하나 여전히 화상이 운영하는 중국음식점은 있다. 그런데 이제 이런 중국집에서 호떡을 내지 않는다. 그 이유는 주방의 불이 바뀐 탓이다. 화덕으로 호떡을 구우려면 장작이나 갈탄이 있어야 하는데 1970년대 들어 이 연료들이 무연탄으로 바뀐 것이다. 무연탄으로 화덕 호떡을 구우면 유황 냄새가 나서 먹을 수가 없다. 그렇게 하여 화덕 호떡은 한반도에서 사라졌다. 대신에 번철 호떡이 등장하였는데, 이는 화상이 화덕 호떡을 만들지 않자 한국인들이 개량하여 내놓은 것이다. 번철에 기름으로 지지는 호떡은 빈대떡과 부침개에 익숙한 한국인에게 원래부터 한국음식인 듯한 착각을 주고 있다.

43

찐빵

밀가루를 반죽하여 소를 넣고 찐 음식은 한국, 중국, 일본이 공통으로 가지고 있는 음식이다. 한국에서는 밀 대신에 메밀을 주로 썼다. 그 유래가 중국에서 온 것이라 하나 비슷한 시기에 서로 영향을 주면서 각 민족의 음식으로 정착하였을 것이다. 밀가루 반죽에 소를 넣고 찐 음식을 한국에서는 만두라 하고 중국에서는 바오즈包子, 일본에서는 교자餃子라 한다.

찐빵은 그 만드는 방법이나 형태로 봐서는 만두의 하나이다. 김치만두, 고기만두 등의 작명법에 따르면 팥만두 또는 팥소만두라 해야 할 것이다. 중국에서는 팥소가 들어간 바오즈는 더우바오즈豆包子로 부르고 일본에서는 안만餡饅이라 한다. 餡함은 팥과 콩 등으로 만든 소, 즉 '앙꼬'이며, 饅만은 만두이다. 또 찐빵은 한국의 가게에서 꼭 만두와 함께 팔리는데, 찐빵이 만두와 같은 계열의 음식임을 부지불식간에 인지하고 있다는 뜻이다.

그러면 왜 한국인은 찐빵을 팥만두 또는 팥소만두라 부르지 않는

찐빵은 밀가루 반죽에 팥소를 넣고 찌는 것이니
빵이 아니다. 떡이다.

것일까.

　음식 이름에는 간혹 그 음식을 먹는 사람들이 그 음식에서 얻으려고 하는 욕구가 묻어날 때가 있다. 재료와 조리법에 따라 음식 이름을 붙이지 않고 그 욕구에 따라 이름을 짓는 것이다.

　찐빵은 밀가루 반죽에 팥소를 넣고 찌는 것이니 빵이 아니다. 떡이다. 빵은, 1970년대 이전만 하더라도 귀한 음식이었다. 한국전쟁 이후 구호물자로 들어온 밀가루가 넉넉하였지만 당시 우리 부엌의 빈약한 조리 기구로는 빵을 만들어 먹을 수 없었다. 빵집도 중소도시 정도는 되어야 있었다. 빵 가격은 무척 비쌌고, '있는 집 자제들'이나 먹는 고급음식이었다. '서민의 자제들'은 팥소만두 정도에 만족해야 하였는데, 이게 빵과 비슷한 모양을 하고 있다는 것을 누군가 발견하였고, 그래서 누군가가 이를 찐빵이라 부르기 시작하였을 것이다. 그러니까, 찐빵이라는 이름에는 빵에 대한 강렬한 욕구가 찐빵 속 팥소처럼 틀어박혀 있는 것이다.

44

만두

한민족은 오래전부터 만두를 먹었다. 밀이나 메밀로 피를 만들었다. 소로는 고기와 두부, 각종 채소들을 잘게 다져 넣었다. 특히 북녘지방에서는 설날음식으로 이 만두를 먹었다.

조선에서는 만두라는 단어보다 대체로 상화라는 말을 흔히 썼고 만투饅頭라고도 하였다. 만두라는 말은 조선 후기에 들어와서야 사용되었는데, 청나라에 의해 여러 호란을 겪으면서 중국 유래 음식인 상화를 오랑캐 머리蠻頭와 그 음이 같은 만두饅頭라 이름을 붙이고 그 원수들의 머리를 썹어 먹듯이 즐겼다는 말이 있다. 그래서 만두를 먹을 때는 위아래 턱으로 힘껏 눌러 만두를 터뜨리듯이 하여야 제 맛이 난다고 한다. 보통 만두의 어원을 제갈량의 제사음식에서 찾고 있는데, 이 같은 우리 식의 유래 이야기도 있음을 밝히는 것도 좋은 일일 것이다.

조선의 조리서인 《규합총서》를 보면, 만두피는 술을 넣고 발효하여 부풀린 반죽을 쓰고 있다. 이렇게 조리하면 만두피는 푹신하고

만두를 먹을 때는 위아래 턱으로 힘껏 눌러
만두를 터뜨리듯이 하여야 제 맛이 난다고 한다.

부드러운 식감을 낼 것이다. 2000년대 이전만 하더라도 시중에 판매되는 만두는《규합총서》의 그 만두처럼 푹신하고 부드러운 만두피를 가진 것이 많았다. 요즘의 만두피는 종잇장처럼 얇아져 있다. 그 얇음을 극대화하기 위해 전분을 지나치게 넣고, 결과적으로는 찐득한 식감으로 만두 맛을 버리는 지경에 이르고 있다. 만두피가 얇아야 잘 빚은 만두라는 잘못된 인식이 퍼진 까닭이다.

만두피가 얇아진 원인을 보면, 만두 제조업체의 편의성에 따른 결과로도 보인다. 시중 만두 가게들은 만두피와 소를 공장에서 받는데, 냉동 만두피를 제조하여 장기 보관을 하고 있다. 발효 과정을 거치는 푹신하고 부드러운 만두피는 공급이 불가능한 것이다.

45

단무지

단무지는 일본의 다쿠앙에서 유래한 음식이다. 무를 소금과 설탕의 물에 재워서 치자 또는 화학색소로 노란 물을 들인 절임의 일종이다. 일본에서는 무를 말려서 절이지만 한국에서는 생무를 사용하는 것이 큰 차이점이다. 따라서 일본의 다쿠앙은 꼬득꼬득한 맛이 나고 한국의 단무지는 아삭아삭한 맛이 있다.

단무지는 한국의 일상음식에 널리 쓰인다. 분식집의 단품음식에는 반드시 단무지가 오르고 중국음식점에서도 단무지는 필수이다. 김밥에도 꼭 들어간다. 단무지의 활용도를 보면 일본 유래 음식이라는 생각을 하지 못할 정도이다. 2010년 여름 배추 파동으로 김치가 없어 난리가 난 적이 있는데, 만약 무 파동으로 단무지를 낼 수 없게 되면 외식업계에서는 비슷한 일이 벌어질 수 있을 것이다.

일본에서도 다쿠앙은 반찬으로 항시 상에 오른다. 밥을 먹다가 입을 개운하게 하는 반찬으로 이만한 것이 없다. 일본음식에서 다쿠앙의 중요도를 보면, 한국음식에서의 김치와 비슷하다. 김치 없는 한국

일본의 다쿠앙을 두고 그들의 입장에서 한국의 단무지를 보면,
그들이 김치를 기무치라 하고 조리법을 바꾼 것과 같은 일을 한 것이 된다.

의 밥상을 생각할 수 없듯이 다쿠앙 없는 일본의 밥상을 상상하기
힘든 것이다.

　한국인은 일본인이 김치를 가져가 자기 식대로 조리법을 바꾸고
그 이름도 기무치라 한다고 하여 기분이 나빠져 있다. 김치의 세계식
품규격을 정할 때 기무치가 아니라 김치(정확하게는 KIM-CHI)라 표기
하게 되었다 하여 한국의 국격을 세운 일처럼 여겼다. 그러나 일본의
다쿠앙을 두고 그들의 입장에서 한국의 단무지를 보면, 그들이 김치
를 기무치라 하고 조리법을 바꾼 것과 같은 일을 한 것이 된다. 한국
인은 일본음식을 그 이름과 조리법을 바꾸어 즐기면서 일본인이 한
국음식을 그 이름과 조리법을 바꾸려 하면 민족적 자존심을 내세운
다. 한국 밥상에 다쿠앙이 아닌 단무지가 오르는 것과 똑같이 일본
밥상에 김치가 아닌 기무치가 오르는 것은 문화의 전파와 수용 측면
에서는 전혀 어색한 일이 아니며 비윤리적인 것도 아니다.

46

김치

김치에 대한 한국인의 태도는 사랑을 넘어 집착의 수준에 있다. 한국인의 민족적 정체성은 오롯이 김치에 있는 듯이 여긴다. 한 음식에 대해 이처럼 강력한 민족적 집착을 드러내는 일은 일찍이 들어본 바가 없다.

김치에 대한 한국인의 민족적 자부심은 오랜 역사를 지니고 있다. 1928년《별건곤》이라는 잡지에 이런 글이 쓰여 있다.

일본인들이 우리나라 김치 맛을 본 후에는 귀국할 생각조차 업서진다니 더 말할 것도 업고 서양 사람들도 대개는 맛만 보면 미치는 것이 나는 서양음식을 먹고 그러케 미처 보지 못한 것에 비하면 아마도 세계 어느 나라 음식 가운데에든지 우리나라 김치는 조곰도 손색이 업슬 뿐 안이오 나의게 물을 것 가트면 세게 데일이라고 하겟습니다.

그러나 실제의 생활에서까지 김치가 자부심의 대상이 되었던 것은 아니다. 김치는 가장 싼값에 마련할 수 있는 반찬이었기 때문이다. 김치밖에 싸 가지 못하는 도시락을 두고 부끄러워하는 것이 일반적이었다.

한국은 1980년대에 급격한 경제성장 기회를 맞았다. 먹고사는 문제에서 다소 자유로워졌으며 먹을거리들도 풍부해졌다. 외국 여행이 자유화되고 또 외국인이 한국에 관광 오는 일도 늘어났다. 1988년에 열린 서울올림픽을 계기로 한국문화가 세계문화의 한 축이 될 수 있다는 자부심을 강하게 가지게 되었다. 이 무렵 김치 광고가 텔레비전에서 방송되는데, 외국인들이 김치를 맛있게 먹는 장면이 연출되었다. 1994년에는 '김치 종주국 선언'이라는 것이 있었다. 일본에서 김치 붐이 일자 김치가 한국음식임을 대외적으로 알리자는 뜻이었다. 그 선언문은 "김치는 우리 문화요, 얼이다"라고 적고 있다. 2001년 세계식품규격에 김치가 올려졌다. 이 일은 "김치가 기무치를 이겼다"라며 홍보되었다.

김치에 대한 이 민족적 자부심은 권력자들이 정치적인 효과를 얻기 위해 조성한 측면이 다분히 있는데, 여기에 대해 한국인이 큰 반감을 가지지 않는 것은 김치로라도 세계에서 주목받고자 하는 민족적 열등감이 일부 작용하고 있기 때문일 것이다.

47

고추

고추는 임진왜란(1592~98년) 무렵 한반도에 들어왔다. 유럽인이 아메리카 대륙의 고추를 가져다 퍼뜨린 지 거의 100년 만에 한반도에 닿은 것이다. 고추는 세계인의 식탁에 두로 쓰이지만 한국인이 단연 많이 먹는다. 음식마다 들어 있는 것이 고추이다.

고추가 한국음식에 특히 많이 들어간 이유에 대해 한국학중앙연구원 주영하 교수는 소금을 대체한 것으로 보고 있다. 한국인의 주식은 밥이다. 그 밥을 많이 먹기 위해서는 짠 음식이 필요한데, 소금이 귀하니 고추가 들어간 매운 음식을 조리하여 먹게 되었다는 설명이다. 짠지가 김치로 발전하는 과정을 살피면 주영하 교수의 추론은 타당해 보인다.

고추는 부패를 방지하는 효과도 있으므로 짠지에 고춧가루가 들어가 김치로 발전하는 과정에서 소금의 양은 많이 줄었을 것이다. 또 조선시대의 경우 소금은 전매품이었고 교통이 발달하지 않아 일부 지역에서는 소금 구하기가 어려웠을 것이니 바다가 먼 농촌 지역

에서는 고추를 재배하여 소금을 대신하려는 노력들이 있었을 것으로 짐작할 수 있다.

그러나 소금이 충분히 공급되고 있는 상황에서도 고추 소비량을 늘린 한국인의 음식 습성을 설명하는 데에는 주영하 교수의 주장에 다소 부족함이 있다. 일제강점기에 천일염이 제조되면서 소금은 싸졌으며 교통과 상거래의 발달로 소금을 어디서든 쉽게 구할 수 있게 되었다. 소금의 생산과 공급 사정이 나아진 이후에도 한국인은 꾸준히 고추 소비량을 늘려 2000년대 말 건고추 기준으로 국민 1인당 4킬로그램을 먹어 세계 최고 수준에 있다.

조선시대 소금 부족으로 생긴 고추 과잉 섭취가 캡사이신 중독 수준에까지 이르러 현재에도 이어지고 있다고 할 수도 있을 것이나, 한국전쟁 이후 급격한 도시화를 이루면서 저급한 음식재료를 구할 수밖에 없는 도시의 한국인들이 그 재료의 맛을 숨겨 먹을 만하게 조리하기 위하여 고춧가루를 과다하게 사용한 것은 아닌가 추론할 수도 있다. 고춧가루에 설탕, 소금 이 셋만으로도 웬만한 음식은 먹을 만한 것이 되기 때문이다.

48

소금

오랜 옛날부터 한반도에서는 소금을 바다에서 구하였다. 갯벌이나 모래밭에 바닷물을 부어 말리면 소금이 농축되는데 그 개흙과 모래 따위를 거두어 바닷물을 부어 함수를 만들고 이를 끓여 소금을 얻었다. 이를 전오염 또는 자염이라 불렀다. 함수를 끓이려면 연료가 많이 필요하므로 나무가 많은 바닷가가 이 전오염의 주요 생산지가 되었다.

일제강점기에 천일염 제조법이 들어오면서 소금산업에 큰 변화를 맞게 되었다. 천일염은 연료가 들지 않으니 전오염보다 쌌다. 전국에 철로가 놓이면서 천일염은 급속히 전국의 소금 시장을 잠식하였다. 당시 천일염은 토판염전에서 생산되었는데, 개흙이 묻어 있고 쓴맛이 났다. 1960년대까지만 하더라도 전오염을 재래염이라 하여 상품으로 여겼고 천일염을 왜염이라 하여 하품 취급을 하였다.

2010년 들어 한국에는 천일염 바람이 불었다. 천일염이 기존의 공장 생산 재제염보다 미네랄 함량이 많고 맛이 순하여 음식 맛을 내

1960년대까지만 하더라도 전오염을 재래염이라 하여 상품으로 여겼고
천일염을 왜염이라 하여 하품 취급을 하였다.

는 데 뛰어나다는 주장이 제기되었다. 천일염전은 전남 신안군에 집
중되어 있는데 이 지역의 경제를 활성화하기 위한 정치적 배려가 일
부 작용하면서 한국의 천일염은 세계 제일의 소금인 듯이 포장되었
다. 여기에 더해 천일염이 마치 수천 년 한반도에 있었던 전통의 소
금인 듯한 착각까지 불러일으키고 있다. 겨우 50년 전만 하더라도
'맛없는 왜염'이라 하였던 것이 세계 명품의 전통 소금으로 소개되고
있는 것이다.

  일제강점기 이후 천일염의 제조법이 바뀐 것은 염전 바닥에 타일
이나 비닐 따위가 깔린 것 외에는 없다. 그러니까 맛은 그때의 '맛없
는 왜염' 그대로인데도 세계 명품이라 우겨 말하고 있는 것이다. 한
국 천일염에 미네랄이 많은 것은 맞으나 그 많은 미네랄, 특히 염화
마그네슘으로 인하여 쓴맛이 나고, 결국은 음식 맛을 망칠 수 있다
는 점을 속이고 있는 것이다. 한국에서는 음식을 두고 여러 정치적
활동이 벌어지는데, 천일염이 그 대표적인 사례이다.

젓갈

한민족에게 젓갈이 없었으면 김치도 없는 것이다.

　젓갈은 한국인의 밥상에서 가장 오랜 역사를 지니고 있는 반찬 중 하나일 것이다. 한반도의 구석기시대 유적지를 보면 해안가에 많이 분포하고 있는데, 바다에 먹을거리가 많았기 때문일 것이다. 특히 패총은 그 시대에 조개와 굴 따위를 많이 먹었음을 보여 주고 있다. 조개와 굴은 적당한 염분만 있으면 발효를 일으켜 감칠맛을 낸다. 한국인의 조상은 여러 곡물의 음식을 먹으며 조개와 굴에 바닷물을 더하여 발효한 젓갈을 반찬 삼아 먹었을 것이다.

　《삼국사기》에 683년 신문왕이 왕비를 맞이하면서 내린 폐백 품목 가운데 醢해가 나오는데, 이를 젓갈로 해석할 수 있을 것이다. 또 경주 안압지에서 출토된 통일신라시대 목간에도 醢가 등장한다. 이 목간과 함께 나온 항아리가 있는데, 아마 젓갈을 담아 두던 항아리일 것이다.

　조선시대 들어 젓갈은 고추의 등장과 함께 새로운 노릇을 하게 된다. 짠지를 김치로 변화시키는 데 한몫을 하게 된 것이다. 채소에 소

145

금을 더한 것이 짠지인데, 짠지는 젓갈만큼 오래된 반찬이었다. 고대에는 짠지와 젓갈이 서로 결합될 수 없었다. 채소의 짠지는 수분이 많아 해산물의 젓갈을 더할 경우 젓갈의 단백질이 쉬 상하기 때문이다. 그런데 고추가 등장하자 사정이 달라졌다. 고추의 캡사이신이 젓갈의 단백질이 부패하는 것을 막아 주기 때문이다. 김치가 세계의 여느 짠지와 결정적으로 그 계통을 달리하는 것은 채소 절임에 동물성의 젓갈이 들어가 유산균 발효를 한다는 것이다. 그러니 한민족에게 젓갈이 없었으면 김치도 없는 것이다.

짠 음식이 건강에 좋지 않다는 말이 번지면서 한국인의 밥상에 젓갈은 차츰 사라지고 있다. 젓갈 단독으로 적절한 발효의 맛을 지니려면 짤 수밖에 없다. 저염의 새로운 젓갈들이 나타나지 않으면 한국 밥상에서의 비중은 점점 줄어들 것이다.

50

식해

식해食醢는 곡물이 들어간 젓갈이다. 식해는 가자미, 명태, 성대 등의 생선으로 만든다. 곡물은 메조, 쌀, 보리 등을 익혀 넣는다. 여기에 또 엿기름이 들어가는데, 곡물을 당화하여 단맛을 내는 용도이다. 식해는 젓갈만큼 오래된 음식일 것이다. 식해에 고춧가루가 들어간 것은 고추의 한반도 유입 연대로 보아 1800년대의 일이었을 것이다.

식품학자였던 고 이성우 교수는 식혜, 젓갈, 스시를 묶어 식해와 한 계통에 있는 음식으로 파악하였다. 식해에서 생선이 빠지면 식혜가 되고 곡물과 엿기름이 빠지면 젓갈이 된다는 것에 근거를 두었다. 또 일본 스시의 고대 형태는 곡물에 생선과 소금을 더하여 삭힌 것이니 한국의 식해와 같은 계통에 넣을 수 있는 것이다. 보리와 엿기름, 무, 고춧가루 등으로 만드는 안동식해의 경우는 음료인 식혜에 더 가까이 있는 음식이니 안동식혜라고 해야 하지 않는가라는 주장도 있다.

식해는 동해안에서 흔히 해 먹는 음식이다. 발효 과정이 짧고 식해의 재료가 되는 생선이 사철 있으니 이 지역 사람들에게는 반찬으로 요긴하게 쓰인다. 특히 속초의 식해가 유명한데, 최근에는 청호동 아바이마을의 함경도 사람들이 퍼뜨린 음식이라는 말이 생겼다. 함경도에서 식해를 많이 먹지만 속초에도 예전부터 있었던 음식이다. 식해는 동해안 일대에 두루 존재하는데, 남쪽으로는 포항, 울산까지 이 식해 문화권에 든다 할 수 있다.

2000년대 들어 명태식해는 볼 수 없게 되었다. 동해에서 더 이상 명태가 잡히기 않기 때문이다. 가자미는 여전히 많이 잡혀 가자미식해는 흔하다. 가자미식해는 물가자미만으로 만드는데, 물가자미의 뼈가 무르기 때문이다.

51

새우젓

한반도 황해안을 중심으로 한 중남부 지방에서는 오래전부터 새우젓을 온갖 음식에 양념으로 넣었다. 김치 외에도 국이며 찌개, 나물 등에 새우젓을 썼다. 특히 서울에서는 새우젓이 흔하였는데, 강화 앞바다에서 새우젓의 재료인 젓새우가 많이 잡혔기 때문이다. 강화의 새우젓은 배로 한강의 마포까지 옮겨져 서울 사람들에게 공급되었다.

서울 사람들은 새우젓을 곤쟁이젓이라 불렀다. 곤쟁이는 젓새우와는 다른 새우이다. 요즘은 개체 수가 줄어 곤쟁이 볼 일이 드물지만 옛날에는 곤쟁이가 연안에 떼를 지어 나타나 누구든 쉽게 잡을 수 있었다. 그러니 서울 지역에서 말하는 곤쟁이젓은 지금의 젓새우젓이 아니라 진짜 곤쟁이젓일 수 있다. 흔히 푹 삭은 새우젓을 곤쟁이젓이라 하는데, 이도 바르지 않다.

예전 새우젓은 배 위에서 곧장 소금에 버무려져 옹기에 담겼다. 젓새우가 잡히는 철이 여름이어서 금방 상할 수 있으니 그리 하였던

한국의 대표적인 발효음식이라 하지만
그 발효 과정을 보면 먹지 못할 것이 많다.

것이다. 그래서 새우젓 배가 들락거리는 포구 근처에 옹기 굽는 가마도 있었다. 독에 담긴 새우젓은 독째로 상인의 손에 넘겨졌다. 새우젓 장수는 독을 지고 새우젓을 팔았다. 가정에서 새우젓을 사면 역시 젓독에 넣었다.

한국전쟁 이후 젓독 전통이 사라졌다. 쇠로 만들어진 드럼통을 젓독 대신에 사용하였다. 배 위에 싣기에는 옹기보다 드럼통이 가볍고 깨지지 않아 좋았던 것이다. 이 드럼통은 석유를 넣던 것인지 화공약품을 넣던 것인지 알 수가 없었다. 이 때문에 드럼통이 사회적 문제가 되자 플라스틱 통으로 바뀌었다. 플라스틱 역시 환경 호르몬 등의 문제가 있을 것이다. 한국의 대표적인 발효음식이라 하지만 그 발효 과정을 보면 먹지 못할 것이 많다.

새우젓은 소금의 함량이 30% 내외로 무척 짜다. 여름 젓갈이라 그런 것이다. 가을에 잡히는 추젓을 두고 육젓이나 오젓보다 맛이 못하다 하는데, 추젓이 더 나은 새우젓일 수도 있다. 추젓은 소금 함량

151

이 10%포인트 정도 적다. 선선한 가을에 잡히니 소금을 적게 넣어도 부패하지 않기 때문이다.

52

멸치젓

경상도와 남부 전라도 지역에서는 멸치젓을 많이 담근다. 남해와 남동해에서 멸치가 많이 잡히기 때문이다. 멸치에 소금을 더하고 이태 정도 삭히면 멸치의 살이 녹아 액체가 된다. 이를 내려 젓국으로 쓴다. 생으로 내리기도 하고 솥에 달여서 쓰기도 한다. 김치에 쓰이는 주요 젓갈 중 하나이다.

옛날 콩이 귀한 바닷가 마을에서는 이 젓국으로 모든 음식의 간을 맞추었다. 간장 대신에 쓰인 것이다. 간장이라는 이름에 빗대어 젓장이라 하였다. 한자어로는 어장魚醬이라 한다. 멸치에 기름이 많아 발효 향이 거북하게 날 때가 있는데, 잘 내린 젓국은 간장보다 낫다. 멸치의 살이 녹으며 깊은 감칠맛을 더하기 때문이다.

젓국은 남중국과 타이, 베트남 등 동남아시아 민족의 공통된 양념이다. 작은 생선들을 나무통이나 옹기에 넣고 소금을 뿌려 두었다가 그 아래로 내리는 맑은 젓국을 받아 쓴다. 타이의 남플라, 베트남의 느억맘은 동남아시아를 넘어 세계인의 양념이 되고 있다. 한국의 멸

치젓국과 비교하자면 남플라와 느억맘은 때깔이 맑고 깔끔한 맛을
낸다. 타이, 베트남의 바다가 한국의 바다보다 남쪽에서 있어 그 원
료 생선들이 덜 기름져 생기는 일일 것이다.

이탈리아에서도 멸치젓을 먹는다. 엔초비라 한다. 한국의 멸치젓
과 다른 점은 멸치의 살만을 발라 쓴다는 것과 올리브오일에 절인
다는 것이다. 이 두 가지의 차이점으로 인하여 멸치젓과 엔초비의
풍미는 많이 다르다. 한국의 멸치젓은 내장과 머리까지 넣어 여기에
서 나오는 탁하고 쓴맛이 강하기 때문이다. 한국의 멸치젓이 과잉
숙성되는 측면도 있는데, 멸치젓갈 통이 여름 뜨거운 햇볕에 장기간
노출되어 있으니 잡맛이 날 수밖에 없는 것이다.

53

마른멸치

멸치 말고도 정어리, 곤어리 등도 두루 멸치라고 한다. 비슷한 시기에 같은 어장에서 잡히고 그 용도도 비슷하기 때문이다. 멸치는 조선시대만 하더라도 많이 잡는 생선이 아니었다. 작은 생선인데다 빨리 상하여 용도가 그리 많지 않았기 때문이다. 생으로 조리해 먹거나 멸치젓갈을 담가 먹었을 것이다.

멸치가 한반도 연안의 주요 어족 자원으로 떠오른 시기는 일제강점기이다. 동해에서 대량으로 잡히는 멸치로 기름을 뽑고 사료를 만들었는데, 상당량이 일본으로 건너갔다. 이때 멸치를 삶아서 말리는 마른멸치의 제조법이 일본에서 들어왔다. 삶아서 말리니 자건煮乾멸치라 하였다. 일본은 오래전부터 삶거나 훈제한 후 말린 생선으로 국물을 내었다. 일본이 메이지시대까지 육식을 금지하였기 때문에 생선을 쓸 수밖에 없었으므로 이런 국물용 생선 제조법이 발달하였던 것이다. 그 당시 한반도에서는 쇠고기, 돼지고기, 꿩, 닭으로 국물을 내었다.

한국음식에서 마른멸치가 국물 내는 용도로 크게 번진 것은 1970년대 이후의 일이다. 일본의 영향을 깊이 받았으며 마른멸치를 쉽게 구할 수 있었던 남부 지방에서는 일찌감치 멸치국물을 썼으나, 중부 지방에서는 마른멸치의 이 국물 맛을 어색해하였다. 마른멸치의 비린내에 익숙해지는 데 꽤 긴 시간이 필요하였던 것이다.

마른멸치용 멸치를 잡는 방법은 기선권현망과 정치망 두 가지로 크게 나뉜다. 기선권현망은 배 두 척이 바다를 돌아다니면서 멸치 어군이 보이면 그물을 던져 양쪽에서 끌어당겨 잡는 방식이고, 정치망은 바다에 붙박이 그물을 놓아 조류를 따라 들어온 멸치를 거두는 것이다. 1980년대 말 죽방렴竹防簾에서 잡은 멸치가 최고급 멸치로 등장하였다. 죽방렴은 '대나무로 만든 그물'인데, 대나무를 박았다고 하지만 정치망의 일종이다. 잡는 과정과 마른멸치 상태로 보면 '대나무 정치망' 멸치나 '그물 정치망' 멸치나 비슷하다. '전통'에 가끔 엉뚱한 마케팅이 붙기도 한다.

54

디포리

2000년대 들어 마른멸치의 대용으로 인기를 끌고 있는 생선이다. 멸치는 오래 끓이면 쓴맛이 받는데 디포리는 오래 끓여도 국물이 가볍다. 멸치보다 비린내가 더 있는데, 다시마 등을 더하면 비린내는 많이 잡힌다.

디포리의 표준말은 밴댕이이다. 그런데 대부분의 한국인은 밴댕이를 다른 생선으로 알고 있다. 그 오해의 생선이 반지이다. 강화도와 군산 등 황해안 지역에서 생선회로, 젓갈로 많이 먹는 그 생선이다. 이런 혼란은 극에 달해 있어 언론에서도 디포리를 반지라 하고 반지를 밴댕이라 하여 소비자들은 서너 종류의 생선이 제각각으로 존재하는 줄 착각하고 있다. 정확히 분류하자면 아래와 같다.

반지

청어목 멸칫과의 생선이다. 황해안의 많은 지역에서 밴댕이라는 사투리로 부른다. 황해안에서 봄에서 여름 사이에 잡힌다. 회와 젓갈로 해서 먹으며 말리지 않는다. 몸 전체가 은색이다.

밴댕이

청어목 청어과의 생선이다. 디포리라는 사투리로 널리 알려져 있다. 주로 남해안에서 가을에 잡힌다. 회와 젓갈로 쓰지 않으며 말려서 국물 내는 데 사용한다. 전체적으로는 은색이고 등쪽이 푸른데, 그래서 '디포리'(뒤가 파랗다)라는 사투리가 만들어졌다.

남해에서 디포리는 멸치보다 흔한 생선이다. 많이 잡힐 때에는 멸치 가공 공장에서 이를 식용으로 처리하지 못하고 사료용으로 돌릴 정도이다. 그래서 멸치가 비쌀 때 이를 대신해서 쓰는, 서민의 음식 재료였다. 그런데 디포리가 인기를 끌면서 멸치와 같은 가격으로 팔리고 있다. 같은 가격으로 보자면 멸치보다 깊은 맛을 내지 못하므로 다소 부족한 음식재료인데, 음식도 유행이다 싶으면 그 본디의 가치와 관계없이 가격이 뛰기도 하는 것이다.

55

잔치국수

보통 국수라 하면 하얀 건조 국수를 말한다. 이 국수의 제 이름은 실국수이다. 사전에 올라 있지만 쓰지 않는, 낯선 단어이다. 이 국수의 다른 이름은 소면素麵이다. 일본어에서 유래한 말이다. 해방 이후 소면을 한글로 바꾸자고 내놓은 것이 실국수이다.

실국수는 일본의 국수이다. 밀가루 반죽을 하여 가늘게 뽑아 말린 국수이다. 일본의 전통적인 실국수 제조법은 까다롭다. 한 덩어리의 반죽에서 한 가닥의 국수를 뽑아내는 국수이다. 밀가루 반죽을 둥그런 홈에 밀어넣어 길쭉하게 만들고 이를 다시 좁은 홈 속에 넣는 방법을 되풀이하는데, 마지막엔 두 개의 막대기에 국수가락을 빙빙 둘러 감은 후 막대기를 잡아당겨 늘인다. 이 과정에서 국수가 끊어지지 않게 하기 위해 두어 시간 단위로 숙성을 시킨다. 반죽에서 국수가 완성되기까지는 아홉 시간이 걸린다. 국수 만드는 방법 중 가장 정교한 기술을 요하는 것이라 할 수 있다. 그러나 보통의 실국수는 기계로 뽑는다. 밀가루 반죽으로 기다란 반대기를 지은 후 기계에 넣어 국수가락을 만들고 막대기에 걸어 말린다. 일제강점기에 이 기계식 실국수 공장이 한반도 여기저기에 섰고, 어느 틈엔가 실국수가 한국의 대표 국수로 그 지위를 확보하였다.

잔치국수는 멸치장국에 실국수를 더한 것이다. 익힌 채소와 달걀지단, 김 등이 고명으로 오른다. 일본의 소면과 비교했을 때 그 국물이며 고명의 구성에서 크게 다를 바가 없다. 하나 크게 다른 것은 간장, 고춧가루, 참기름, 깨, 다진 풋고추 등의 갖은양념이 보태어진다는 것이다. 이 갖은양념 덕에 한국의 잔치국수는 일본의 소면에서 다소 멀어진 느낌이 든다.

2000년대 중반 잔치국수 바람이 일었다. 그 시기에 한국의 경제가 좋지 않아 값싼 잔치국수가 인기를 끈 것이다. 이는, 값싼 미국산 밀가루의 실국수와 값싼 중국산 마른멸치 덕이 컸다.

56

수제비

수제비는 밀가루 반죽을 납작하게 뜯어서 끓는 국물에 넣어 익혀 먹는 음식이다. 국물은 마른멸치나 조개, 쇠고기 등으로 내고 호박, 당근, 시금치 등의 채소가 들어간다. 칼국수를 넣어도 되는 국물과 채소이다.

수제비라는 말이 조선 중기의 문헌에 등장한다 하여 그즈음부터 먹었을 것이라 여기는 이들도 있지만, 그 조리법의 간편성으로 보면 아주 먼 옛날부터 있었던 음식이라 추정할 수 있다. 메밀, 옥수수, 칡, 감자, 밀 등 가루로 내어 반죽을 할 수 있는 재료이면 모두 수제비가 될 수 있고, 한반도 사람들은 또 그렇게 먹었다. 이 조리법의 범위를 쌀에까지 확장할 수 있는데, 쌀가루를 익반죽하여 얇고 동그랗게 만들어 국물에 끓여 먹는 날떡국이 그것이다. 먼 옛날, 곡물을 가루로 낼 수 있는 기술밖에 없었을 때에도 이런 식의 조리법은 쉽게 할 수 있는 것이었다. 그러니까 국수가 만들어지기 훨씬 이전에 수제비가 있었다고 보아야 할 것이다.

미국이 구호물자로 준 밀가루로
가장 쉽게 할 수 있었던 음식이 수제비였던 것이다.

수제비는 한국 서민음식을 대표한다. 1980년대 말부터 20여 년간 한국 대표 여배우로 살다 간 최진실은 어릴 때 먹었던 수제비에 대해 수시로 말하며 그가 겪은 가난을 위로받고자 하였고, 국민들은 그 가난한 수제비의 기억을 공유하며 최진실을 동생처럼 여겼다. 수제비에 대한 이런 국민적 공감대는 한국전쟁을 거치면서 형성된 것이다. 미국이 구호물자로 준 밀가루로 가장 쉽게 할 수 있었던 음식이 이 수제비였던 것이다. 최진실은 수제비의 국물을 내기 위해 고추장을 풀었다 하는데, 육수를 낼 고기와 마른 생선들이 마땅히 없었을 조선에서도 이와 비슷한 수제비를 먹었을 것이다.

57

칼국수

1970년대까지 쌀이 부족하니 하루 한두 끼는
수제비 아니면 칼국수로 때우는 나날이 이어졌다.

밀가루 반죽을 하여 반대기를 짓고 이를 돌돌 말아 칼로 썬 국수이다. 한자어로 흔히 도면刀麵이라 하는데 바르지 않다. 도면은 칼싹두기이다. 반죽을 두툼하게 만들어 그 반죽을 말지 않고 칼로 썬 것이다. 도면은 칼로 썬 수제비라 하여 칼제비라고도 한다. 칼국수의 한자어는 절면切麵이다. 전도면剪刀麵이라고도 하였다.

칼국수 식으로 면을 만드는 방법은 중국에는 없고, 일본과 한국에서는 일반적인 조리법이다. 이는 국수를 만드는 재료의 차이 때문에 생긴 것이다. 중국에는 예부터 밀이 흔하였다. 밀가루는 반죽을 하면 길게 늘일 수 있고, 따라서 밀가루 반죽의 양 끝을 잡고 늘이는 방식이 중국 면의 기본이 되었다. 한국과 일본에서는 밀보다 메밀이 흔하였다. 메밀가루 반죽으로는 양끝을 잡아서 길게 늘이지 못한다. 그래서 반죽을 얇게 펴 돌돌 말아 칼로 써는 방법을 이용하였다. 또, 한국에서는 메밀가루 반죽을 국수틀에 넣고 누르는 방법을 쓰는데, 이는 일본에 없는 것이다.

한국전쟁 이후 칼국수가 크게 번져 대중의 음식이 되었다. 미국이 원조 밀가루를 많이 주었기 때문이다. 1970년대까지 쌀이 부족하니 하루 한두 끼는 수제비 아니면 칼국수로 때우는 나날이 이어졌다. 1980년대에 들자 칼국수에 지역의 개성이 생겼다. 서울에서는 사골 국물에 가는 면발의 제물칼국수가, 충청도 지역에서는 닭고기 국물에 중간 면발의 건진칼국수가, 해안 지역에서는 해산물 국물에 굵은 면발의 건진칼국수가 생겼다.

1990년대에 이르자 칼국수는 주요 외식음식이 되었다. 칼국수라기보다 칼국수를 더한 전골 모양을 한 것도 생겼다. 고급화가 시도되었던 것이다. 그러나 칼국수는 여전히 서민의 음식이었고, 정치인들은 자신의 친서민적인 이미지를 위하여 칼국수를 이용하였다. 김영삼 전 대통령은 청와대에서 내내 칼국수만 먹는다고 언론에 내다가 국민들의 핀잔이 들리자 청와대 아침 식사를 떡국으로 바꾸었다는 기사를 내보내기도 하였다.

58

자장면

한국의 중국음식은 대부분 임오군란 이후 이주해 온 화상들이 퍼뜨린 것이며, 자장면도 그렇다. 자장면의 본디 한자는 炸醬麵^{작장면}이다. 중국식 된장醬을 돼지고기, 채소와 함께 볶아서炸 국수麵에 끼얹어 먹는 음식이다. 중국식 된장은 콩에 밀을 더하여 발효시킨 것인데, 한국의 막장과 비슷한 것이다.

화상의 작장면과 한국의 자장면은 맛이 많이 다르다. 한국의 자장면에는 양파가 듬뿍 들어가고 단맛이 강하다. 양파가 한반도에 처음 들어온 것은 1906년이지만 대량 재배를 하게 된 것은 1960년대이다. 그러니까 지금의 한국 자장면은 1960년대 이후 개량된 것이라 보아야 한다.

한국인이 자장면을 좋아하는 첫째 이유는 빨리 나오기 때문이다. 한국인은 식당에서 음식 나오기 기다리는 것을 극도로 싫어하는데, 이 급한 성격에 꼭 맞는 음식인 것이다. 자장면을 먹을 때도 서너 번의 젓가락질로 끝낸다. 이렇게 음식을 빨리 먹으니 복잡한 맛을 느낄 여유가 없다. 짜고 달고 구수한 맛만 대충 있으면 먹는다. 이 단순한 맛의 자장면은 전국이 획일화되어 있기까지 하다. 자장면의 주요 재료인 중국식 된장은 대부분 동일한 공장 제품을 사용하고 있기 때문이다. 빨리 대충 먹어야 하는 한국인의 입장에서도 자장면 맛의 획일화는 좋은 일이다. 식당 찾는 일까지 줄여 주기 때문이다.

자장면의 맛과 소비 행태를 보면 떡볶이와 매우 친밀하다. 달고 짜고 구수한, 단순한 맛에 화학조미료가 듬뿍 들어가고, 대충 빨리 먹는 음식인 것이다. 자장면에 고춧가루를 더하고 떡볶이에 중국식 된장을 보태는 것도 한국인의 머릿속에 들어 있는 두 음식의 친밀성과 관련이 있을 것이다.

59

떡볶이

떡볶이는 조선에도 있었다. 간장양념에 가래떡과 쇠고기, 미나리, 숙주, 밤, 대추 등이 들어가는 음식이다. 가래떡이 들어가기는 하였지만 전체적인 느낌은 잡채와 비슷하다. 이 음식을 두고 2000년대 들어 한국에서는 궁중떡볶이라는 이름을 붙였다. 고추장떡볶이와 차별화하자는 생각에서 비롯한 것이다.

한국인이 즐겨 먹는 떡볶이는 고추장떡볶이이다. 이 음식이 언제 만들어졌는지는 알 수가 없다. 고추장의 역사가 길지 않고 또 고추장을 흔히 쓸 수 있게 된 것이 1960년대 이후의 일이니 그즈음에 나타났을 것이다. 고추장떡볶이 이전에도 매운맛의 떡볶이가 있었는데, 번철에 기름을 붓고 고춧가루와 마늘을 더하여 볶은 음식이다. 기름떡볶이라는 이름으로 불린다. 한때 서울의 재래시장에 이 기름떡볶이가 흔하였으나 고추장떡볶이에 밀려났다.

한국인은 떡볶이라 하면 다 고추장떡볶이를 떠올리며, 또 좋아한다. 달고 매우며 짠맛이 강하다. 고추장에 설탕이 듬뿍 들어간다. 떡이 들었기는 하지만 떡볶이에서 한국인이 맛있다 여기는 것은 그 양념의 맛이다. 그래서 떡볶이 국물에 어묵도 넣고 달걀도 넣는다. 심지어 만두, 튀김, 순대 등에도 이 떡볶이 국물을 끼얹어 먹는다.

2000년대 후반에 들어 한국 정부는 떡볶이를 세계화하겠다고 나섰다. 떡볶이가 한국 전통의 음식이며 이를 세계인에게 알려 한국의 위상을 올리겠다는 것이다. 한국 사람들은 환호하였다. 그 열망을 받아 국비를 들여 떡볶이연구소까지 차렸다. 이 사업을 추진하는 사람들은 고추장떡볶이는 매운맛을 싫어하는 세계인의 입맛에 맞지 않는다며 토마토케첩이며 크림소스 등 서양의 소스류를 끼얹은 가래떡 음식을 선보였다. 어느 유명 요리사는 푸아그라 올린 떡볶이라면 고급 레스토랑에서 비싸게 팔 수 있으며, 떡볶이 세계화도 가능하다 주장하였다. 강남의 일부 식당에서는 이런 '세계화한 떡볶이'를 내놓기도 하였다.

그러나 한국인은 여전히 고추장떡볶이를 열심히 먹고 있으며, 또 누군가 떡볶이 세계화를 외치면 환호할 것이다. 한국인은 자신이 즐겨 먹는 음식을 직시하지 못하는 버릇이 있다.

60

오뎅

오뎅을 어묵이라 말하지만 잘못된 것이다. 어묵은 생선살을 으깨 반죽한 것을 튀기거나 찌거나 구운 음식이고, 오뎅은 이 어묵과 유부, 무, 곤약 따위를 꼬챙이에 꿰어 맑은 장국에 끓인 음식을 말한다. 어묵은 오뎅의 재료일 뿐인데, 그 재료에 음식의 이름이 붙은 것이다. 오뎅을 바르게 옮기면 꼬치 또는 꼬치안주이다.

오뎅이 어묵으로 그 의미가 바뀐 것은 해방 이후의 일로 보인다. 일제강점기 선술집 중 하나가 오뎅집이었다. 꼬치안주에 청주를 마시는 집이다. 해방이 되고 한국전쟁을 거치면서 오뎅집은 급속히 사라졌다. 서울 사대문 안 뒷골목의 '정종집'이 일제강점기 그 오뎅집의 흔적이라 할 수 있다.

한국전쟁 이후 오뎅집의 꼬치안주가 길거리로 나와 안주가 아니라 간식으로 소비되었다. 어묵은 여전히 꼬치에 꿰었지만 유부, 무, 곤약은 사라지거나 따로 꿰어졌다. 장국에도 변화가 있었다. 가다랭이포와 다시마로 내던 국물에서 마른멸치 국물로 바뀌었다. 학교 앞

학교 앞 분식집에서는
떡볶이, 순대와 함께 학생들의 주요 간식이 되었다.

분식집에서는 떡볶이, 순대와 함께 학생들의 주요 간식이 되었다.

일제강점기의 그 오뎅집이 1990년대 한국에 다시 등장하였다. 식탁 위에 오뎅 삶는 기다란 통이 놓이고 그 가장자리에 손님이 앉아 술과 함께 오뎅을 먹었다. 인테리어는 일본 뒷골목 선술집처럼 꾸몄다. 나무에 유리를 끼운 미닫이문을 달았고 바닥과 벽도 나무로 하였다. 젊은이들은 이 오뎅집에 환호하였다. 간편하게 술을 마실 수 있다는 점에 만족한 것이다. 또, 한국 젊은이들이 일본 여행을 자주 하게 되면서 일본의 오뎅집을 보았을 것이고, 그 여행의 추억을 되새기게 하는 공간으로서도 역할을 하였을 것이다. 일제강점기 오뎅집에 대한 그 먼 민족적 추억들은 이제는 잊었을 만도 할 것이다.

61

소주

한국인이 주로 마시는 술은 희석식 소주이다. 전분의 재료를 발효시켜 얻은 고농도의 알코올에 물을 더한 술이다. 물을 타니 맛이 비므로 단맛과 감칠맛이 나는 첨가물을 넣는다. 전분의 재료는, 예전에는 고구마를 썼으나 요즘은 타피오카를 쓴다.

1960년대 이전만 하더라도 소주는 전통적인 증류식 쌀 소주가 주류였다. 그렇다고 증류식 소주를 많이 마신 것도 아니었다. 막걸리가 70~80%의 술 시장을 점령하고 있었다. 1965년부터 양곡관리법에 따라 쌀로 술을 담글 수 없게 되었는데, 이즈음 고구마 등으로 만든 값싼 희석식 소주가 술 시장을 급속히 파고들었다. 대형 희석식 소주 업체는 대대적인 광고와 전국적 영업망 확보를 통하여 순식간에 한국인의 술판을 바꾸었고, 지금까지 그 판도는 유지되고 있다. 그동안 소비자들의 불만에 따라 사카린, 화학조미료 등이 소주에서 제거되기는 하였지만 각종 첨가물이 들어가는 것은 여전하다.

1990년대 들어 소주에 큰 변화가 생겼다. 알코올 도수가 낮아진

1990년대 들어 소주에 큰 변화가 생겼다.
알코올 도수가 낮아진 것이다.

것이다. 소비자들이 점점 약한 술을 마시게 되어 그런 변화를 이끈 것이라는 말도 있지만, 사람들이 술을 마시는 행태를 관찰하면 소주 회사들이 매출을 늘리기 위한 한 방법으로 알코올 도수를 낮춘 것이 아닌가 싶다. 소주의 알코올 도수가 내려가자 여자들의 소주 소비량이 부쩍 늘었으며 남자들은 예전의 취기를 얻기 위하여 더 많은 양의 소주를 마시게 되었다. 실제로 소주의 알코올 도수를 낮추고 난 다음 소주 판매량은 급증하였다. 시장에서 독과점적인 위치에 있는 식품회사들은 소비자의 입맛까지 조절하면서 자신들의 이익을 챙길 수가 있는 것이다.

1960년대 이후 증류식 소주는 거의 전멸을 하였다. 지역에 남아 있는 몇몇 증류식 소주들은 전통주라는 이름으로 겨우 버티고 있을 뿐이다.

62

막걸리

막걸리는 한때 한국인이 가장 즐겨 마시던 술이었다. 읍면 단위에 조그만 술도가가 있었고 여기서 막걸리를 받아다 마셨다. 그러나 1960년대 이후 소주와 맥주에 밀려 막걸리는 한국 술 시장에서 제일 왜소한 몸집을 유지하고 있다. 겨우 버티고 있다고 표현하는 것이 맞을 것이다.

2000년대 말 이명박 정부가 나서 막걸리 붐을 조성하였다. 이 막걸리 붐은 바다 건너 일본에서 불어온 조그만 미풍에서 시작된 것이었다. 일본에서 막걸리 마시는 사람들이 늘고 있다는 보도들이 나오고 외국에서 인기인데 우리는 무얼 하고 있냐는 반성이 일었다. 당시 한국 정부는 남아도는 쌀을 처치하지 못하고 있는 상황이었다. 대북지원용 쌀도 남북관계의 경색으로 창고에 쌓였다. 한국 정부는 막걸리 붐을 주도하면서 쌀 재고 문제를 해결하려고 노력한다는 인상을 국민들에게 심어 줄 필요가 있었던 것이다.

그러나 몇 년간 불던 막걸리 바람은 흐지부지될 운명에 놓이게 되

막걸리 소비가 늘지 않는 결정적인 원인은 안주에 있다.

었다. 막걸리가 한국인의 입맛에 맞지 않다는 것이 첫째 이유이다. 막걸리는 곡물에 누룩을 더하여 알코올 발효를 한 다음 여기에 물을 타 도수를 내린 것이다. 물을 타면서 맛이 흐려지게 되는데, 여기에 아스파탐 등 단맛을 더하여 들척지근한 맛을 낸다. 6일 정도의 단기간 발효로는 술의 향이 부족한 것도 소비를 주춤하게 한 요인이었다.

막걸리 소비가 늘지 않는 더 결정적인 원인은 안주에 있다. 한국인은 대체로 술을 마시면서 음식을 먹는데, 그 음식이 결정되고 난 다음 마실 술의 결정이 뒤따르는 게 일반적이다. 한국인의 술자리는 대부분 고기를 굽는 식당에서 이루어진다. 막걸리는 이 구운 고기와 맛에서 어울리기 무척 어렵다. 고기의 고소한 맛과 막걸리의 시큼달콤한 맛이 어울리지 않는 것이다. 1960년대 이전에 먹었던 막걸리 안주를 생각하면 2000년대 이후 막걸리 붐이 크게 일지 않는 이유를 쉽게 파악할 수 있다.

63

빈대떡

빈대떡에 대한 어원 설명이 여러 가지이다. 먼저, 빈대賓待떡, 즉 귀빈을 접대하는 떡이라는 말이 있는데, 그 뜻이 되려면 한자어 구성 원리상 대빈待賓떡이라 하여야 하니 후세에 만든 이야기일 가능성이 높다. 빈자貧者떡, 즉 가난한 자의 떡으로 빈자떡이라 하다가 빈대떡으로 바뀌었다는 말이 있다. 중국음식 이름인 병저餅䭔가 '빙자 → 빈자 → 빈대'로 바뀌었다는 설도 있다. 빈대떡은 녹두로 부치는 떡인데, 녹두의 사투리에 푸르대가 있다. '푸른 콩'이라는 뜻이다. 이 푸르대가 '풀대 → 분대 → 빈대'로 변하였을 것이라는 주장도 있다.

빈대떡에 대한 어원 설명이 이처럼 다양하고 분분한 것은 그만큼 한국인의 일상에 깊이 들어와 있는 음식이라는 의미이기도 하다. 무릇 음식 이름이란 사람들이 흔히 먹는 것일수록 그 변용이 다양하고 어원도 입으로 전승되어 복잡한 것이다. 그 어원이 어떠하든 빈대떡은 서민의 음식이며 앞으로도 그러할 것이다.

빈대떡은 서울의 음식으로 여겨진다. 서울에 빈대떡집이 많았기 때문이다. 종로구 관철동, 청진동, 무교동, 서린동의 뒷골목에 선술집이 많았고, 여기에서 파는 음식이 빈대떡과 막걸리였다. 일제강점기에도, 해방 이후에도, 한국전쟁 이후에도 쭉 이 빈대떡집들은 명맥을 이어 왔다. 서울 서민들의 사랑방이었던 것이다.

1980년대 이후 무교동을 시작으로 이 지역들이 개발되기 시작하였다. 빈대떡집들은 그때그때 피맛골로, 북창동으로 자리를 옮겼다. 2000년대 들어 마지막까지 남아 있던 피맛골과 청진동 일대가 개발되면서 옛 빈대떡집들은 대형 건물의 한 귀퉁이에 남았거나 좀 더 멀리 이전을 했다.

600년 도읍지라 하지만 서울에는 서울을 대표하는 서민의 음식 하나 변변한 것이 없다. 한자리에서 수십 년 버티며 서울 서민의 삶이 곱게 깃들인 식당 하나 그럴듯한 것이 없다. 각박하게 사는 것이다.

64

부침개

1970~80년대 학사주점이 인기였다. 조선의 주막처럼 꾸미고 막걸리를 팔았다. 맥주와 소주에 밀려 학사주점은 사라졌다. 1990년대 후반 막걸리를 내는 선술집이 주택가를 중심으로 번졌다. 이름을 붙인다면 막걸릿집이라 해야 할 것 같다.

막걸릿집에는 반드시 부침개가 있다. 파전, 김치전, 동그랑땡, 고추전, 호박전 등이 기본이다. 특이한 것은 이런 막걸릿집에 부침개의 하나인 빈대떡은 없다는 점이다. 빈대떡은 전문점이 따로 있다는 것을 한국인이 은연중에 인정하고 있는 것이다. 여느 부침개는 주재료에 밀가루와 달걀을 기본으로 하는 음식이지만 빈대떡은 녹두를 쓴다는 차이가 이런 분리를 가져왔을 수도 있으며, 빈대떡은 돼지기름으로 부친다는 것이 그 분리를 확고히 하였을 수도 있다. 옛날 식용유가 귀했을 때에는 여느 부침개도 돼지기름으로 부쳤을 것인데 빈대떡이 단독으로 전문점 음식의 성격을 띠면서 전통을 고수하였고 여느 부침개는 어느 선술집이나 내는 음식으로 보여 그 전문성과 함께 돼지기름의 전통도 잃은 것이 아닌가 싶다.

부침개는 잔치음식이며 제례음식이다. 보통의 때에는 잘 하지 않는다. 잔치나 제례용으로 부침개를 하려면 그 양을 많이 잡아야 하는데 일반 가정에서는 커다란 부침개판이 없어 부침개를 할 때마다 큰 곤욕을 치르고, 따라서 일상에서는 자주 하지 않게 된 것이다.

막걸릿집에서 부침개가 인기를 얻고 있는 것은 그 술자리가 잔치와 제례의 흥겨움을 되새기게 하는 자리였으면 하는 바람 때문이 아닌가 싶다. 막걸릿집들은 대체로 시끌벅적한데 여기에 고소한 부침개 냄새가 퍼지면 잔칫집이거나 명절날의 고향집처럼 느껴지는 것이다. 막걸릿집들이 도심보다는 주택가 골목에 몰려 있는 것도 마을 잔치의 벅적함을 즐기려는 욕구와 맞아떨어진 결과로 보인다. 막걸릿집에서는 으레 동네 사람들이 옹기종기 모여 큰 소리로 웃고 떠든다. 그들의 기분에 맞출 수 있는 음식으로 부침개만 한 것은 또 없을 것이다.

65

순대

오일장의 뒷골목에 순대 식당이 많은 것은
시골 서민들의 주머니 사정에 맞춰 형성되었기 때문이다.

한국의 시골 오일장에는 반드시 있는 음식이다. 골목에 예닐곱 집
이 어깨를 나란히 하고 몰려 있는 것도 똑같다. 식당 앞에는 돼지머
리가 놓여 있고 그 곁에는 커다란 솥이 두어 개 걸려 있다. 한 솥에
는 돼지뼈를 곤 국물이 끓고 있고, 또 한 솥에는 순대와 내장, 머릿
고기가 데워지고 있다. 순대는 내장, 머릿고기와 한 접시에 담겨 나
오거나 돼지뼈 국물을 더하여 순댓국으로 식탁에 놓인다.

순대는 돼지의 창자에 선지와 숙주, 우거지, 찹쌀 등을 채워 찐 음
식이다. 요즘은 찹쌀 대신에 당면이 주로 들어간다. 단가를 맞추기
위한 것이다. 오일장의 뒷골목에 순대 식당이 많은 것은 시골 서민들
의 주머니 사정에 맞춰 형성되었기 때문이다. 이들 식당이 내는 음
식들을 보면 전부가 돼지의 부산물을 이용하고 있다. 돼지고기는 정
육점에서 형편이 되는 사람들이 사 먹고 그 외 부산물은 찌거나 삶
아져 서민의 끼니와 안주가 되고 있는 것이다.

순대를 이르는 옛말에 핏골집이 있다. 순댓국을 혈장탕血臟湯이라

고도 하였다. 순대가 어떻게 만들어진 음식인지 잘 드러내는 말이다. 반면에 순댓국은, 지금의 순대가 들어가지 않는, 돼지내장탕으로 묘사되어 있는 기록이 있다. 순대는 단지 돼지 창자를 이르는 말이었을 수도 있는 것이다. 지금의 순대는 한국전쟁 이후에 널리 퍼진 음식인데, 대중의 음식이 되면서 듣기 거북한 핏골집과 혈장탕을 버리고 대신에 돼지 창자를 뜻하는 순대를 그 의미를 확장해 사용하였을 수도 있다.

순대는 흔히 서양의 소시지와 비교된다. 돼지 창자에 돼지의 여러 부위를 넣는 조리법이 비슷해 보이기 때문이다. 그러나 조리법과 모양이 비슷하다 하여도 그 맛과 먹는 방법이 다르면 유사성은 별 의미가 없다. 어느 민족이 어떤 동물을 잡아먹든지 창자에 피와 여러 재료를 넣고 익히는 방식은 시도해 볼 만한 것이며, 따라서 이 음식들이 민족마다 낱낱으로 존재한다 하여도 곧 각 민족의 음식문화가 한 계통에 있는 것이라고 판단할 일은 아니다.

66

부대찌개

부대찌개는 햄과 소시지가 들어간 찌개이다. 햄과 소시지는 서양에서 굽거나 쪄서 먹는 음식으로 개발된 것이다. 이를 한국에서는 국물을 넉넉히 넣고 찌개로 해서 먹는다. 햄과 소시지 본래 상태로는 맛이 같지만 조리법이 달라지니 최종의 음식은 맛과 먹는 방법이 바뀌게 된다. 서양의 음식재료가 한국의 음식문화에 편입된 예이다. 문화란 대체로 소재의 유사성에 있다기보다 그 최종의 소비 양태에 따라 분화 또는 분류되는 것임을 이 부대찌개가 잘 보여 주고 있다.

부대찌개는 한국전쟁 후 미군부대의 잔반을 가져와 끓였던 꿀꿀이죽에서 비롯하였다. 미군부대에서 나오는 잔반에는 고기 덩어리도 있고 햄, 소시지 등도 있었을 것이다. 케첩에 버무려진 샐러드도 있었을 것이고 빵 조각도 있었을 것이다. 이것을 솥에 넣고 끓여서 먹었다. 미군부대가 있는 지역에서는 사정이 다 같았다. 미군을 당시는 유엔군이라 하였는데, 그 이름을 따 유엔탕이라고도 하였다.

1960년대에 들면서 꿀꿀이죽의 사정이 조금씩 나아졌다. 잔반은

버려지고 미군부대에서 몰래 빼내오는 햄과 소시지에 김치를 더하여 찌개를 끓였다. 1966년 미국의 존슨 대통령이 한국을 방문하였다. 존슨 대통령은 한국 방문 중에 서민적인 모습을 보여 한국인에게 깊은 인상을 남겼다. 그 깊은 인상은 꿀꿀이죽, 유엔탕으로 불리던 햄소시지찌개에 존슨탕이라는 이름을 붙이게 하였다. 부대찌개라는 이름은 1970년대에 만들어진 것으로 보인다. 한때 존슨부대찌개, 존슨부대탕 등으로 불리다가 1990년대 말 부대찌개로 통일이 되었다.

한국은 1980년대 이후 급속한 경제성장을 이루면서도 이 부대찌개를 없애지 않았다. 한국전쟁 후 그 비참했던 시절을 떠올리게 하는 음식임에도 부대찌개에 깊은 향수까지 느낀다. 외국인에게도 한국의 맛이라며 자랑스럽게 내놓는다. 한국전쟁 후 고난의 시대를 이겨 낸 당당함이 부대찌개 냄비에 끓고 있는 것이다.

67

감자탕

음식명은 주요 음식재료와 요리법 또는 완성된 요리의 형태 등에 따라 붙여지는 것이 관례이다. 음식 이름만을 듣고도 그 음식으로 기대되는 맛을 예상할 수 있게 하기 위한 것이다. 그러나 으레 변칙들은 있게 마련인데, 닭채소볶음이라 해야 할 것은 닭갈비라 하고, 햄소시지찌개라 해야 할 것을 부대찌개라 하는 식이다. 이런 변칙들은 대체로 사람들의 마음속에 들어 있는 그 음식의 이미지나 그 음식에 대한 사람들의 욕구 등이 반영되어 있다고 볼 수 있다. 감자탕도 그렇다.

감자탕은 감자가 들어 있기는 하지만 주요 재료가 아니다. 돼지등뼈를 푹 삶아서 우거지 등을 넣고 끓여 내는 음식이니 정확하게 말하면 돼지등뼈우거지탕이다. 감자는 겨우 한두 개 들어가 있다. 그런데 이름은 감자탕이다. 이를 두고 "돼지뼈 중에 감자뼈가 있는데 그 뼈로 끓이는 탕이 감자탕이다"라는 내용의 방송이 나간 적이 있다. 방송이 재미있었는지 감자뼈가 감자탕의 재료라는 이야기가 들불처럼 번져 한국인은 이제 감자뼈가 실제로 있는 줄 알고 있다.

한민족은 예부터 돼지로 탕을 끓여 먹었다. 그 역사는 먼 선사시대에까지 닿을 것이다. 흔히 먹는 음식재료에 대해서는 구체적인 이름이 붙는다. 돼지뼈도 마찬가지이다. 축산 전문가들은 감자뼈란 없다고 말한다. 감자탕에 들어가는 뼈는 등뼈인데 이를 감자뼈라고 부른 적이 없다는 것이다. 그런데 실제로 정육점이나 장터에 가면 돼지 등뼈를 감자뼈라고 이름 붙여 파는 것을 볼 수 있다. '감자탕용 돼지등뼈'라 표시하는 것보다 '감자탕뼈', '감자뼈'라 하는 것이 간편하여 그리 붙인 것이다.

돼지뼈우거지탕을 옛날에는 뼈다귀해장국, 뼈다귀국, 뼈다귀탕이라 하였다. 감자가 들어가니 감자뼈다귀탕, 감자뼈다귀해장국이라는 말도 있었다. 여기서 감자탕이라 이름을 줄이게 된 것은 1980년대의 일이다. 돼지와 뼈다귀를 빼 버리고 감자탕이라 하니 어쩐지 시골스러운 향토음식인 듯한 느낌이 난다. 그것도 강원도 첩첩산골의. 감자탕은 도시 노동자의 음식이다. 먹을 것 없는 돼지등뼈를 쪽쪽 빨면서, 푸근한 고향을 그리고 싶은 것이다.

68

감자

일제는 한국 농업에 묘한 흔적을 남겼다. 쌀 증산을 위한 품종 개량과 농지 정리 등으로 근대 벼농사의 기틀을 마련하면서도 그 수확물은 공출해 감으로써 결과적으로는 한반도 주민들을 늘 굶주리게 하였다. 감자가 한반도에 들어온 것은 1800년대 초의 일이나 크게 번진 것은 일제강점기에 들어서이다. 일제는 한반도의 쌀을 공출해 가면서 그 대체 식량작물로 감자를 보급하였던 것이다.

1930년대 일본은 남작이라는 품종을 한반도에 보급하였다. 이 품종은 1876년 미국에서 육성한 것인데, 이 품종을 영국에서 가져온 일본인이 가와다 남작이어서 남작이라 불리고 있다. 이 남작은 지금도 한반도에서 재배되고 있다. 삶으면 분이 많이 이는 분질 감자인데, 한국인들은 이 감자를 강원도 토종 감자라 생각한다. 일본이 쌀을 빼앗고 그 대신에 먹으라 준 미국의 감자가 한국의 토종이 된 것이다.

그 유입의 이유가 어떻든 감자는 한반도에서 식량작물로 큰 역할을 하였다. 특히 특별난 식량작물을 키울 수 없었던 함경도, 평안도, 강원도 산간 지역에서는 요긴하였다. 생산성이 높은데다 수확 후 가공 없이 삶기만 하면 끼니가 될 수 있어 가난한 농민들에게는 더없이 경제적이었다. 이 감자로 떡, 수제비, 부침개, 국수를 만들어 먹었다. 강원도 향토음식으로 알려져 있는 이 감자 음식들은 그러니까 일제강점기에 개발된 것이다.

1970년대에 새로운 감자 품종이 들어왔다. 1961년 미국에서 육성한 수미라는 품종이다. 수미는 남작보다 병충해에 강하고 수확량이 많아 순식간에 한반도에 번졌다. 2000년대 이후 한국에서 나는 감자의 80%는 이 수미이다. 그런데 수미는 점질 감자여서 삶으면 찐득한 느낌이 있어 식감이 많이 떨어진다. 폭실한 옛 감자 맛을 찾는 사람들이 있지만 그런 감자를 만나는 일은 힘들게 된 것이다. 일제가 들여온 것이든 어떻든 그 감자가 이제 그리운 것이다. 수미는 한 식품회사의 감자칩 브랜드인 秀美칩의 그 수미이다. 영어명 superior의 번안이다.

69

고구마

역사에는 이를 함평고구마사건으로 기록하고 있다.
해방 이후 조직적인 농민운동의 시작을 알린 사건이었다.

.

고구마가 한반도에 유입된 시기는 감자와 비슷하다. 재배 면적을 넓힌 사정도 감자와 같다. 일제는 쌀을 공출하면서 그 대체 식량으로 고구마도 주었던 것이다. 재배 특성상 감자는 북쪽, 고구마는 남쪽에 보급되었다. 고구마는 전남과 경남 지방에서 주로 재배되었다.

고구마는 그냥 쪄서 먹을 수도 있지만 끼니로 항시 이용하기 위해서 가공을 하였다. 수동의 조그만 기계에 넣어 얇게 썰어 말려 두었다가 찌거나 죽을 끓여 먹었다. 이를 절간고구마라 하였는데, 다들 빼때기라고 불렀다. 생고구마로도 찐고구마로도 이런 빼때기를 만들었다. 생고구마 상태로 보관을 하면 겨우내 썩을 가능성이 높으므로 이렇게 빼때기를 만드는 것이 이득이었다. 주정회사에서 고구마를 사들일 때도 빼때기로 받았다.

해방 이후에도 남부 지방에서의 고구마 재배는 꾸준하였는데, 상당량이 주정용으로 사용되었다. 1970년대 이후 주정용 전분이 수입

타피오카로 바뀌면서 고구마 생산은 지속적으로 줄어들었다. 1976년 주정회사와 농협이 결탁하여 고구마 수매 약속을 어긴 사건이 발생하였는데, 농민들이 2년간 농협과 정부에 맞서 싸워 보상을 얻어낸 일이 있었다. 역사에는 이를 함평고구마사건으로 기록하고 있다. 해방 이후 조직적인 농민운동의 시작을 알린 사건이었다.

1980년대에 들면서 고구마에 대한 소비자의 관점이 바뀌었다. 식량도 아니고 주정용도 아닌, 간식으로서의 고구마를 다시 발견한 것이다. 그러면서 고구마의 품종에 변화가 왔다. 밤고구마는 사라지고 물고구마가 득세를 하게 된 것이다. 호박고구마도 물고구마이다. '밤'과 '물'의 분류는 고구마에 함유되어 있는 전분의 양에 따라 결정되는데, 전분 함유량이 23~25%이면 밤고구마이고, 18~19%이면 물고구마이다. 식량이나 주정용으로는 전분이 많은 고구마가 생산성이 높으니 옛날에는 다들 밤고구마만 심었던 것이다.

제주와 경남 일부 지역에서 빼때기를 향토음식으로 육성하려는 움직임이 있다. 1980년대 이후 물고구마만 심다가 다시 밤고구마 품종을 찾아 나섰을 것이다.

70

도토리묵

　도토리는 가을이면 한반도 산야에서 흔히 구할 수 있었다. 상수리나무, 졸참나무, 떡갈나무, 갈참나무, 너도밤나무 등이 여기저기 군락으로 자라니 그 나무 아래에서 줍기만 하면 되었다. 이를 가져와 물에 담가 떫은맛을 빼내고 죽을 쑤기도 하고 밥에 넣기도 하고 묵을 쑤기도 하였다. 그러나 요즘은 그러지 못한다. 야생동물의 먹이로 남겨 두어야 하니 많은 지역에서 사람들이 줍는 것을 금지시켰다. 국산은 일부 있고 중국산이 대량 들어온다.

　도토리묵에 대해 나이 든 한국인은 다들 추억이 한 자락씩 있다. 뒷산에서 도토리를 주워 오면 할머니, 어머니가 묵을 쑤어 온 가족이 먹던 기억을 공유하고 있는 것이다. 그런데 그 추억의 음식인 도토리묵의 맛에 대해서는 다들 의견이 일치하지 않는다. 어떤 이는 고소한 도토리묵을, 어떤 이는 씁쓸한 도토리묵을, 또 어떤 이는 찰랑찰랑한 도토리묵을, 또 다른 어떤 이는 또각또각 끊어지는 도투리묵을 자신의 기억 속 진짜 도토리묵으로 가지고 있다. 그래서 한국인들은 도토리묵 한 접시를 앞에 두고 곧잘 입씨름이 붙는다. 진짜 도토리묵 맛에 대한 토론이다. 그러나 여기에 대한 정답은 없다는 것이 정답이다.

한반도 산야에서는 도토리를 키우는 상수리나무, 졸참나무, 떡갈나무, 갈참나무, 너도밤나무 등이 동네마다 제각각으로 군락을 이루고 있다. 어떤 마을에는 상수리가, 어떤 마을에는 갈참나무가 군락을 이루고 있는 것이다. 그러니 같은 도토리라 하더라도 그 맛이 제각각이며 그 제각각의 도토리로 쑨 도토리묵을 또 제각각 자신만의 진짜 도토리묵으로 기억하고 있는 것이다. 가령, 상수리나무가 많았던 동네에서 자랐으면 쓰고 떫으며 구수한 맛은 적은 도토리묵을 진짜 도토리묵이라 기억하고 있을 것이며, 졸참나무 군락이 있는 마을에서 어린 시절을 보냈으면 덜 쓰고 덜 떫으며 달고 구수한 맛이 나는 도토리묵을 진짜 도토리묵이라 주장할 것이다.

그러나 요즘은 이런 구분도 소용없게 되었다. 도토리에서 추출한 분말 전분으로 쑨 묵이 대부분이기 때문이다. 도토리 향 하나 없는 물컹한 식감의 도토리묵을 앞에 놓고 고향의 뒷산을 추억하고 있을 뿐인 것이다.

71

두부

"파리에 사는 주부들은 빵을 사다 묵히지 않는다. 식사를 할 때마다 그녀들은 빵집에 가서 빵을 사 오고, 남으면 버린다. 식사란 모름지기 그래야 한다고 나는 생각한다. 두부만 해도 그렇다. 막 사 온 것을 먹어야지, 밤을 넘긴 두부 따위 먹을 수 없잖은가, 하고 생각하는 게 정상적인 인간의 사고다."

무라카미 하루키가 두부에 대해 쓴 수필 중 한 대목이다. 한국인도 막 만든 두부가 맛있다는 것을 잘 알고 있다. 그래서 즉석 두부전문점을 찾아 두부를 먹는다. 그러나 가정에서 두부 먹는 방식은 그렇지 않다. 플라스틱 용기에 물과 함께 담겨 있는 두부를 먹는다. 공장에서 만들어 법적으로 보름 정도 유통 기한을 확보한 두부이다. 하루키 식으로 말하면 "정상적인 인간의 사고"를 하지 않고 두부를 먹는 것이다.

1980년대까지 한국인은 갓 만든 두부를 먹었다. 동네마다 가내수공업 두부공장이 있었고 여기서 밤새 두부를 만들어 새벽에 팔러

다녔다. 요령을 흔들거나 "두부 사이소"를 외쳤다. 아침을 넘기면 동네 구멍가게에 그 두부가 진열되어 있었다. 그 두부가 날을 넘기는 일이 없었다. 금방 상하기 때문이었다. 일본은 아직 이런 동네 두부들이 건재한데, 한국은 이를 버렸다.

1980년대 한 식품회사에서 두부를 플라스틱 용기에 포장하여 판매하는 방법을 내놓았다. 살균 처리를 하여 장기간 보관할 수 있는 두부였다. 두부가 외부에 노출되어 있지 않으니 위생적으로 보였다. 이를 포장두부라 하였다. 포장두부는 큰 인기를 얻었고 이 회사는 급성장을 하였다. 포장두부이니 유통이 쉬웠다. 일제강점기부터 지켜지던 가내수공업 두부의 영업권역이 일시에 무너졌다. 이 회사는 전국의 여러 두부공장을 하청기업으로 삼아 한 브랜드로 묶었다. 그렇게 동네 가내수공업의 맛있는 두부는 사라졌다.

한 브랜드에 의해 주도되고 있는 지금의 한국 포장두부 시장은 바뀌지 않을 것이다. 한국인은 두부의 맛보다는 두부의 포장지에 찍힌 브랜드를 너무나 사랑하기 때문이다.

72

된장

된장(청국장을 포함하여)은 아시아 민족이 공유하고 있는 음식이다. 아시아 민족은 오래전부터 콩을 먹었고 또 된장도 먹었다. 콩은 수확 후 자연 상태에 두면 여름의 습기와 온도를 감당하지 못하고 썩는다. 그래서 오래 보관하는 방법으로 고안된 것이 된장이다.

콩은 삶거나 쪄서 내버려 두면 균에 의해 발효가 일어난다. 큼큼한 냄새가 나지만 썩은 것은 아니다. 삶은 것이니 콩의 단백질은 소화가 잘 된다. 여기까지가 청국장이다. 이를 바짝 말리면 장기간 보관이 가능하다. 메주라 보면 된다. 바짝 말린 메주는 잘 썩지 않는다. 이를 두고두고 먹었을 것이다. 《삼국사기》에 나오는 신문왕 폐백 물품 중 시豉가 이 메주였을 것이다. 또 이 문장에 장醬도 나오는데 간장과 된장이 분화되기 전 상태의 음식, 그러니까 소금을 더한 메주였을 수도 있다. 이런 콩 발효음식인 된장류는 아시아 곳곳에 존재한다. 일본의 낫토와 미소, 중국의 두시, 인도의 스자체, 네팔의 키네마, 인도네시아의 템페, 타이의 토아나오 등등이 있는데, 이들 음식은 한 일제가 물러난 후에 오히려 이 속성 된장이 시장을 크게 넓혔다.
도시화의 결과이다.

국의 된장과 같은 계통의 음식이라 보아야 한다.

콩은 한반도 어디서든 잘 자란다. 논밭의 두둑에 대충 심어도 한 집안이 한 해를 버틸 수 있는 된장을 담글 만큼의 콩을 거둘 수 있다. 따라서 한반도에서 된장은 가장 흔하게 쓰인 반찬이자 양념이었다. 국을 끓이고 나물을 무치고 고기를 삶고 생선을 찔 때도 된장을 썼다. 텃밭의 푸성귀만 뜯어 와도 된장만 있으면 밥을 먹을 수 있었다. 한반도의 음식은 된장의 음식이라 해도 과언이 아니었다.

일제는 된장을 대량 생산할 수 있는 시설을 한반도에 가지고 왔다. 콩 이외 밀, 쌀, 보리 등이 들어가는 속성 된장이었다. 이런 된장이 한반도에 없었던 것은 아니었으나 한반도 대부분의 사람들이 먹던 콩 된장과는 그 맛이 달랐다. 일제가 물러난 후에 오히려 이 속성 된장이 시장을 크게 넓혔다. 도시화의 결과이다. 한국인은 이제 전통의 콩 된장 맛을 더 어색해하고 있다.

73

간장

　간장은 된장을 만들면서 얻어 낸 부산물에서 비롯하였다. 조선 중기 저작인 《증보산림경제》에 청장淸醬이 나오는데 이것이 간장일 것으로 보인다. 된장에서 간장이 분화된 시기는 조선시대일 것이다. 된장만으로도 음식의 간을 맞추고 맛을 더하는 데 부족함이 없으니 간장의 분화는 그리 빠르지 않았을 것이다. 간장의 분화에는 음식 모양새를 깔끔하게 하려는 양반 계급의 여유가 작동하였을 수도 있다.

　일제강점기에 들면서 일본의 간장 제조업체들이 한반도에 진출하여 대대적인 영업 활동을 하였다. 일본의 간장은 콩과 소금물만으로 맛을 내는 한반도의 간장과는 달리 밀이나 쌀, 보리 등이 들어가 달콤한 맛이 났다. 처음에는 이를 왜간장이라 하여 낮추어 불렀으나 그 달콤한 맛에 빠진 한반도 사람들은 곧 진간장이라 이름을 고쳐 부르며 즐겨 사용하였다. 왜간장, 진간장이 있으니 한반도의 간장을 조선간장이라 달리 불렀다. 일제강점기의 조리법을 보면 벌써 조선간장과 왜간장을 섞어 쓰는 요령들이 설명되어 있다. 이 시기에 콩이 한국음식이 대부분 들척지근해진 까닭은 이 간장에 있다고 하겠다.

나 대두박을 염산으로 가수분해하여 초고속으로 간장을 만드는 방법이 개발되었다. 이를 산분해 간장이라 한다.

　해방 이후 산분해 간장이 급속도로 번졌다. 가격이 쌌기 때문이다. 산분해 간장에는 사카린, 화학조미료 등이 들어 있어 한국음식의 저급화를 이끌었다. 1990년대 들어 산분해 간장에 발암 물질이 있다 하여 큰 소동이 일었다. 산분해 간장 제조회사들은 일본식 양조 간장으로 그 제품을 바꾸었다. 또 양조 간장과 산분해 간장을 섞은 혼합 간장을 내놓았다. 간장업계 관계자에 의하면 한국에서 제일 많이 팔리고 있는 간장은 혼합 간장이라고 한다. 혼합 간장에는 스테비오 같은 단맛의 첨가물이 들어가 있어 짠맛보다 단맛이 더 강한 간장이다. 인공 향도 들어가 있다. 한국음식이 대부분 들척지근해진 까닭은 이 간장에 있다고 하겠다. 조선간장은 가정과 소규모 지역 업체에 의해 겨우 명맥을 유지하고 있다.

74

고추장

고추는 임진왜란 무렵에 한반도에 들어왔다. 된장에 이 고추의 가루가 섞이면서 고추장이 탄생하였는데, 고추장의 시작은 1700년대에 들어선 후에야 가능하였을 것이다. 근대 이전, 하나의 식물이 전파되어 그 지역의 일상음식으로 자리 잡기까지는 꽤 긴 시간이 소요되기 때문이다. 아메리카 대륙에서 유럽인이 고추를 '발견'하고 세계에 퍼뜨린 지 거의 100년 만에 한반도에 유입된 것만 보아도 그 더딘 전파와 변화를 이해할 수 있을 것이다.

한국음식 연구자들은 간혹 고추장을 고추가 들어간 소스로 해석하고 이를 서양의 고추소스를 대체할 수 있는 식품이라 주장한다. 서양의 고추소스들은 고추에 신맛과 짠맛, 단맛을 첨가하여 숙성시킨 것이다. 그런데 한국의 고추장은 성격이 조금 다르다. 계통을 나누자면 된장의 하나이다. 된장은 오래전부터 한민족이 먹던 음식이다. 된장은 콩으로 메주를 만들고 이를 띄워 소금물을 첨가하여 숙성시키는 것을 기본으로 한다. 고추장은 여기에 고춧가루가 들어간 된장에 이 고추의 가루가 섞이면서 고추장이 탄생하였는데, 고추장의 시작은 1700년대에 들어선 후에야 가능하였을 것이다.

다. 단맛을 더하기 위해 엿기름이며 쌀, 보리 등의 곡물이 들어가기도 하지만, '고춧가루가 들어간 된장'으로 보는 것이 맞다. 그러니 서양의 고추소스와는 맛의 기본이 다른 것이며 그 대체품으로 쓰일 수도 없다.

1960년대 이후 설탕, 물엿 등 단맛을 내는 재료들을 싸게 구할 수 있게 되면서 고추장 맛이 크게 바뀌었다. 엿기름으로 곡물을 삭혀내는 은근한 단맛이 사라지고 입천장을 간질이는 설탕과 물엿의 단맛이 가득하게 되었다. 메줏가루를 넣지 않는 고추장도 만들어졌다. 고추의 매운맛, 설탕과 물엿의 단맛에 곡물가루로 적당히 점성만 더한 것을 고추장이라 하여 판매하고 있다. 그러니 발효와 숙성도 필요하지 않다. 고추'장'이 아니라 그냥 단맛이 나는 고추'소스'인 것이다.

75

식초

곡물이나 과일이 알코올 발효를 하게 되면 그 다음 단계로 초산 발효가 일어난다. 그러니 각 민족의 식초는 그 민족의 술을 바탕으로 발달을 하였다. 포도주를 마시면 포도식초를 먹게 되는 것이고 쌀술을 마시면 쌀식초를 먹게 되는 것이다. 한반도의 주민들은 쌀로 술을 빚어 마셨고 그래서 쌀식초가 한반도에서는 신맛을 담당하였는데, 그 쌀술은 대부분 막걸리였고 그래서 막걸리식초가 일상의 식초였다. 한반도 남부 지역에서는 감식초도 많이 먹었다. 감나무가 흔하였기 때문이다. 감을 항아리에 담아 1년 정도 방치하면 식초가 된다.

일제강점기에 신맛을 내는 획기적인 제품이 한반도에 들어왔다. 빙초산이다. 빙초산은 가격이 싸며 신맛이 강렬하여 순식간에 한국 음식의 신맛을 장악하였다. 빙초산은 석유에서 뽑아내는 일종의 화공약품인데 신맛이 난다 하여 이것을 식용으로 쓴 것이다. 1960년대 빙초산의 위험이 널리 알려지자 양조 식초가 시장에 등장하였다. 양조 식초는 술지게미와 과일 등의 재료에 초산균을 주입하여 비교적 빙초산의 어두운 그림자가 한국 외식업체에서는 거두어지지 않고 있다.

짧은 시간에 초산 발효를 일으켜 얻는 식초이다. 그러나 빙초산의 강한 신맛에 중독이 된 한국인은 양조 식초에 만족할 수가 없었다. 양조 식초와 빙초산을 섞은 합성 식초가 오히려 큰 인기를 얻었다.

1990년대 들어 식초 건강법 바람이 불었다. 천연 식초를 마시면 건강에 좋다는 것이다. 감식초, 매실식초 등이 건강 식초로 팔렸다. 그러나 음식에는 여전히 양조 식초를 썼다. 양조 식초의 신맛에 만족 못하는 소비자를 위해 '2배식초'라는 제품도 만들어졌다.

2000년대에 들어와서도 빙초산은 여전히 쓰이고 있다. 음식점에서 신맛을 싸게 얻기 위해 이 빙초산을 사용하고 있는 것이다. 특히 중국집에서 빙초산을 쓰는데, 한국인이 좋아하는 탕수육은 빙초산이 들어가야 맛있다 여긴다. 그러나 소비자들은 그 강렬한 신맛이 빙초산에서 오는 것이라는 사실을 알지 못한다. 식품매장에서는 빙초산이 안 보여 없어진 줄 아는 것이다. 빙초산의 어두운 그림자가 한국 외식업체에서는 거두어지지 않고 있다.

76

생선회

조선시대만 하더라도 생선회는 일상의 음식이 아니었다. 바닷가 사람들이나 익히지 않은 생선을 잘게 썰어 된장 등에 비벼 끼니로 먹었다. 물회니 막회니 하는 음식이 그 끼니로서의 생선회 흔적을 전하고 있다. 일제강점기에 들자 내륙에서도 생선회를 자주 접하게 되었다. 일본인이 생선회를 자주 먹었기 때문이다. 그런데 그들이 먹는 생선회는 달랐다. 생선의 살을 큼직하게 발라 간장에 찍어 먹었다. 한반도 사람들은 이런 스타일의 생선회를 일본말 그대로 사시미라 불렀다.

일제가 물러나자 일본식의 생선회도 함께 사라졌다. 그러면서 한국식의 변형이 생겼다. 생선을 써는 방법은 일본식을 따르고 먹는 방식에는 한국식을 가미하였다. 된장과 초고추장이 오르고 쌈을 싸 먹을 수 있게 상추와 깻잎, 생마늘이 올랐다. 업소의 인테리어는 일본식이며 사시미라 부르는 것도 일본식이나, 그 상에 차려진 것은 일본식도 한국식도 아니게 된 것이다.

쇠갈비에 이어 활어회가 '중산층 확인 음식'으로 떠오른 것이다.

1980년대 생선을 살려서 운송하고 관리하는 방법이 개발되면서 생선회 식당이 갑자기 늘었다. 식당마다 유리로 된 수조를 만들고 '활어회'를 팔았다. 살아 있는 생선을 막 잡아서 먹을 수 있다는 것에 한국인은 환호하였다. 1990년대 들어 활어회 시장은 폭발적으로 늘어났다. 넙치, 우럭 등 양식 물고기가 싼값에 공급될 수 있었기 때문이다. 활어회 식당들은 번화가에 대형으로 꾸며졌고 가족 외식 장소로 이 대형 활어횟집이 큰 인기를 누렸다. 쇠갈비에 이어 활어회가 '중산층 확인 음식'으로 떠오른 것이다. 한국인은 1980년대 고기 뷔페에서 고기에 대한 한풀이를 하고 1990년대 활어횟집에서 생선회에 대한 한풀이를 하였다고 할 수 있다. 그 활어회가 생선회를 맛있게 먹는 방법이 아니라는 사실이 한국인에게는 관심 밖이었는데, 한풀이 활어회 굿판에서 그런 맛 따위는 중요하지 않았다.

77

초밥

스시를 한국음식문화 안으로 들이지 못할 것이면
그 말만 초밥으로 바꾸어 부른들 무슨 의미가 있겠는가.

초밥은 일제강점기 일본인이 한반도에 가져온 음식이다. 해방이
되면서 스시를 초밥이라는 우리말로 순화하였는데, 1980년대까지도
언중은 스시라는 말을 흔히 썼다. 초밥을 한국음식으로 보지 않겠
다는 생각이 강하였던 것이다.

단촛물에 밥을 비비고 그 밥에 생선회를 올리는 초밥의 원형은
생선에 소금과 곡물을 더하여 발효시킨 나레스시이다. 나레스시에
서 한발짝 더 나아간 것이 오시스시이다. 발효시킨 생선을 밥 위에
올려 누른 것이다. 이 오시스시가 지금의 초밥으로 변화하였다고 할
수 있는데, 생선을 싱싱한 상태로 운송, 보관할 수 있게 되면서 지금
의 초밥이 완성되었다고 할 수 있다. 초밥의 이런 계통을 살피면 한
국음식에도 이와 유사한 음식이 있다. 식해이다. 생선에 소금과 곡물
을 더하여 발효시키는 음식이라는 것은 같다. 식해에는 고춧가루가
들어가는데, 이는 임진왜란 무렵 고춧가루가 들어오고 나서 개량된
것이라 할 수 있다.

한국에서의 초밥은 일본식을 그대로 따르려는 습성이 있다. 특히 고급 초밥집일수록, 초밥의 장인이라는 요리사일수록 이런 성향이 강하다. 심지어 어떤 요리사는 일본에서 모든 식재료를 공수해 와 일본에서 먹는 그대로의 초밥을 낸다고 자랑한다. 소비자들도 이런 일을 의외로 당연하게 받아들인다. 일부 한국인은 그 도를 넘어 초밥에 관련된 용어들을 다 일본어로 부른다. 일종의 음식 사대라 할 수 있을 것이다.

초밥에 대한 한국 요리사와 일부 소비자의 '비굴'은 초밥의 다양성과 한국화에 큰 걸림돌이 되고 있다. 오직 일본에서 유행하는 일본의 주요 식재료에만 집중하니 한국의 식재료를 이용한 초밥은 만들지 않는 것이다. 스시를 한국음식문화 안으로 들이지 못할 것이면 그 말만 초밥으로 바꾸어 부른들 무슨 의미가 있겠는가. 그냥 스시라 하는 것이 낫다.

78

김밥

김밥은 일본의 김초밥, 즉 마키스시에서 유래한 음식이다. 초밥에 간단한 속을 넣고 김으로 말아 먹는 음식이다. 김은 한반도 사람들이 오래전부터 먹던 음식이지만 일상의 음식이 된 것은 일제강점기이다. 일본인은 남해안에 김 양식장을 대대적으로 개설하였고 여기서 사각의 마른 김을 만들어 일본으로 가져갔다. 이 마른 김이 한반도에도 널리 팔리면서 일본의 마키스시처럼 김에 밥을 싸 먹는 일이 자연스레 생겼을 것이다.

김밥이 일본에서 유래하였다 하지만 밥의 조리법이나 그 내용물을 보면 일본의 것과는 많이 다르다. 일본의 김밥은 초밥을 쓰지만 한국의 김밥은 참기름에 비빈 밥을 쓴다. 또 일본의 김밥은 그 속을 참치나 쓰케모노 한 쪽 정도만 넣어 맛이 단순하지만, 한국의 김밥은 시금치, 어묵, 달걀, 단무지, 당근, 쇠고기 등등 댓 가지의 음식이 들어가 맛이 복잡하다. 김으로 둥글게 싸는 것은 같지만 그 맛은 판이한 두 음식이 한국과 일본에 존재하는 것이다.

한국 김밥과 일본 김밥의 더 큰 차이는 일상화 여부에 있다. 한국에서는 김밥집이 번창하고 있다. 김밥집이 아니어도 분식집에서도 팔고 간이 일식집에서도 팔고 좌판에서도 판다. 단일 종목으로 가장 많이 먹는 한국인의 밥 종류를 찾자면 김밥이 단연 1등일 것이다. 그러나 일본에는 김밥을 전문으로 파는 식당이 없다. 초밥집에서 조금 내놓을 뿐이다. 김밥이 일본음식에서 유래하였다 하여도 한국음식문화에 깊숙하게 안착하였으니 한국음식의 대표로 삼을 수도 있을 것이다.

김밥이 한국인의 일상식으로 이처럼 깊이 안착하게 된 것은 소풍의 영향이 컸다. 한국전쟁 후 가난의 시절에 봄가을 소풍 때면 한국의 어머니들은 김밥을 싸 주었다. 여러 반찬이 든 호사스러운 도시락을 쌀 수 없으니 김밥이라도 쌌던 것이다. 이 안에 분홍의 어육소시지와 달걀지단을 넣어 아이들에게는 별식으로 여겨지게 하였다. 한국에서 김밥집이 번창하는 것은 김밥에 담긴 '바깥에서 먹는 별식'이라는 이미지 덕이 크다.

79

비빔밥

비빔밥은 한반도 사람들이
밥을 먹기 시작하면서 만들어진 음식이라 보면 된다.

　비빔밥은 한국을 상징하는 음식이다. 한국인은 이 음식에 민족적
자존심까지 투영하고 있다. 그래서 비빔밥의 유래를 찾는 일에도 열
심이다. 왕가음식설, 제례음식설, 전쟁음식설 등등 다양한 주장들이
있지만 한결같이 억지스러울 뿐이다. 한반도 사람들은 밥과 반찬이
라는 음식 구성을 오랫동안 유지하였다. 이 밥에 반찬을 올려 비비
면 바로 비빔밥이다. 이런 음식에 무슨 유래의 설을 만들 수 있다는
말인가. 비빔밥은 한반도 사람들이 밥을 먹기 시작하면서 만들어진
음식이라 보면 된다.

　한반도 사람들이 조금 특별난 비빔밥을 먹을 때가 있었다. 제례
에는 여러 음식들이 풍성하게 차려지는데 그 음식들을 밥 위에 올
리면 더 맛있는 비빔밥이 되었다. 특히 제상에 오르는 나물들이 밥
과 비벼지면 맛있다는 것을 알아차리고 이런 류의 숙채비빔밥을 별
식으로 여겼다. 안동의 헛제삿밥이 그 원형의 음식일 것이다. 여기에
조금씩 맛과 멋을 더하면서 지금의 화려한 비빔밥이 탄생하였는데,

때깔 화려한 지금의 비빔밥은 대체로 전주의 한 식당에서 개발한 것이 그 기준이 되고 있다.

일제강점기에 전주의 비빔밥이 맛있다는 말이 돌았지만 그다지 유명한 것은 아니었다. 당시 전주비빔밥은 콩나물 넣고 지은 밥에 여러 나물이 올랐으며 때깔이 그렇게 화려한 것은 아니었다. 1970년 서울 신세계백화점이 전주비빔밥을 팔기 시작하면서 비빔밥 신화에 불이 당겨졌다. 당시 마땅한 한국 외식음식이 없던 차에 백화점에서 파는 한국음식이라는 것만으로 전주비빔밥은 큰 인기를 끌었다. 1997년 마이클 잭슨이 방한하여 전주비빔밥을 맛있게 먹었다는 사실이 보도되면서 비빔밥은 한국음식을 대표하는 상징이 되었다.

해외 한식당에서 인기 있는 비빔밥은 돌솥비빔밥이다. 돌솥비빔밥은 1960년대 전주의 한 식당에서 개발한 음식이다. 돌솥비빔밥은 나물의 맛으로 먹는다기보다 돌솥에서 음식이 익으면서 내는 소리와 냄새 맛으로 먹는 음식이다. 한국인이 머릿속에 그리고 있는 비빔밥의 맛과 외국인이 맛있다 하는 비빔밥의 실체는 다른 것이다.

80

볶음밥

조선시대 이전 한반도 주민들은 볶음밥을 해 먹을 수 없었다. 프라이팬 같은 볶을 수 있는 조리 도구가 없었기 때문이다. 볶음밥은 화교들이 한반도에 들어와서 퍼뜨린 음식이다. 중국에서는 볶음밥을 차오판炒飯이라 하며 끼니로 흔히 먹는 음식이다.

중국의 볶음밥은 인디카계 쌀로 한다. 흔히 안남미라고도 부른다. 인디카계 쌀은 쌀알이 약간 길쭉하고 찰기가 없다. 이 쌀로 밥을 하면 밥알이 낱낱으로 떨어진다. 볶음밥을 하여도 밥알이 낱낱으로 떨어진다. 이렇게 밥알이 흩어지므로 간이 밥알에 골고루 배고 부재료들도 밥알과 잘 섞이며 불기운도 잘 받아 맛있는 볶음밥이 되는 것이다. 또 중국의 볶음밥은 돼지기름으로 볶는 것이 기본이다. 돼지기름은 짙은 향을 더하여 볶음밥의 맛을 풍성하게 만든다.

한국의 쌀은 자포니카계이다. 자포니카계 쌀은 쌀알이 동그랗고 차지다. 밥을 하면 밥알끼리 서로 붙는다. 볶음밥을 하여도 밥알이 떡이 지니 양념이 골고루 배지도 않고 부재료들이 한쪽으로 몰린다.

한국에서는 돼지기름을 안 쓴 지 꽤 오래되었다. 식물성 기름이 몸에 좋다는 막연한 생각이 맛있는 돼지기름 요리를 많이 없앤 것이다. 한국에서의 볶음밥은 극히 한국적인 볶음밥일 수밖에 없는 것이다. 이 볶음밥이 맛있는가 하는 문제는 차치하고.

한국 중국집의 볶음밥은 쌀과 기름의 부족을 자장으로 채우고 있다. 볶음밥만으로는 맛이 부족하니 자장으로 비벼 먹게 하는 것이다. 볶음밥을 자장으로 비벼 놓고 보면 자장밥이라 하여도 어색하지 않은데, 같은 음식이 음식재료의 차이로 인해 전혀 다른 맛의 음식으로 변할 수 있음을 보여 주고 있다.

81

짬뽕

짬뽕은 일본에서 개발된 중국음식이라는 것이 정설인데, 이름은 일본어에서 왔고 조리법은 중국의 것이다. 짬뽕이 중국음식인 것은 채소와 해물을 짧은 시간 볶다가 육수를 부어 국물을 낸다는 점 때문이다. 이런 음식은 중국의 조리 기구인 웍wok이 있어야 가능한 일이며 따라서 중국음식에서 유래하였다고 보는 것이 맞는 것이다. 짬뽕과 비슷한 우동은 일본음식이며 채소와 해물을 볶지 않고 끓여서 국물을 낸다.

짬뽕은 자장면과 함께 한국의 중국집에서 가장 많이 팔리는 음식이다. 2000년대 들어 짬뽕 전문점까지 생겼다. 여러 종류의 짬뽕을 한 가게에서 내는 것이다. 한국인이 가장 즐긴다는 자장면은 전문점이 없는데 짬뽕 전문점이 번창한다는 것이 특별나 보인다. 또 이 음식이 탄생한 일본에서도 짬뽕 전문점은 드물며 라멘의 일종으로 볼 뿐이다.

한국의 짬뽕은 일본의 짬뽕과 그 맛이 많이 다르다. 일본의 짬뽕은 채소와 해물이 내는 시원하고 구수한 국물 맛을 중시한다. 산초 나무 열매인 화초花椒나 후추 등으로 약간의 매운맛을 더하기도 하지만 매운 음식인 것은 아니다, 한국의 짬뽕은 고춧가루가 듬뿍 들어가 벌겋고 매우 맵다. 입안이 얼얼할 정도로 매운데, 이 매운맛과 밸런스를 맞추기 위해 짠맛과 단맛도 덩달아 올라가 있다. 국물이 아주 뜨거운 상태에서 먹으니 그 짠맛과 단맛은 더 강렬해질 수밖에 없다. 짬뽕의 국물을 차갑게 식혀서 맛보면 그 국물이 얼마나 짜고 단지를 알 수 있을 것이다.

짬뽕 전문점 옆에는 으레 매운 닭발, 인스턴트 라면, 떡볶이 등을 파는 식당들이 몰려 있다. 이런 음식을 좋아하는 사람들이 들락거리는 길목에 짬뽕이 기다리고 있다는 뜻인데, 대체로 10대와 20대 한국인이 주요 소비자이다. 짬뽕과 매운 닭발, 인스턴트 라면, 떡볶이의 공통점이 있는데, 모두 맵고 짜고 단 음식이라는 것이다. 여기에 화학조미료가 듬뿍 들어가는 것도 똑같다. 매운 짬뽕이 번창하고 있다는 것은, 한국인의 미각 수준이 그다지 높지 않다는 반증이다.

82

탕수육

한국인이 가장 즐겨 먹는 중국'요리'이다. 짬뽕이나 자장면을 먹기 전에 탕수육을 먹는 게 일반적이다. 짬뽕 전문점에서 자장면은 안 팔아도 탕수육은 판다. 튀김옷을 입힌 돼지고기를 바싹하게 튀겨 달고 새콤한 소스를 끼얹은 음식인데, 수많은 중국음식 중에 한국인이 탕수육에 유독 큰 애착을 지니고 있다는 것이 특이하다.

탕수육은 일제강점기 중국집에서도 양장피와 함께 인기 요리였다. 탕수육이나 양장피에 배갈을 마셨다. 1960년대 들면서 가족 외식문화 조짐이 나타났다. 한국전쟁의 피폐에서 조금씩 벗어나면서 가정에 여유가 생기기 시작한 것이다. 자녀의 입학식과 졸업식, 어린이날 등에 가장이 가족을 데리고 나가 외식을 하게 된 것이다. 가장 입장에서는 다소 별스런 음식을 가족에게 먹여야 했을 것인데, 그렇게 선택된 곳이 중국집이었다.

중국집 메뉴에서 가장 만만한 것은 자장면이다. 그러나 가족의 외식이니 가장으로서 약간의 허영을 보여야 할 것이다. 아이들이 다 맛있다고 할 만하면서 가격이 저렴한 메뉴로 선택할 만한 것이 탕수육이었다. 향신료 냄새가 강한 여타의 중국음식에 비해 탕수육은 고소하고 단맛이 강하니 아이들도 좋아할 만한 음식인 것이다. 그렇게 하여 탕수육 한 접시를 먹고 자장면이나 짬뽕을 먹는 중국집 메뉴 선택의 관례가 생겼다.

탕수육은 중국집에서 빠져나와 한국인의 일상음식으로 바뀌어 가고 있는 중이다. 재래시장 튀김집에서도 탕수육을 내고 학교 앞 분식집에서도 탕수육을 판다. 자장면과 짬뽕이 중국집 문을 못 넘고 있는 데 반해 탕수육이 한국인의 일상음식으로 자리를 굳히고 있는 현상은 독특하다. 일상의 음식에 요리라 할 만한 것이 별로 없는 한국인에게 탕수육은 요리를 먹는다는 욕구를 채워 주고 있는 것이다. 그것도 기쁜 날 부모와 같이 행복하게 먹던 중국집의 요리인 것이니, 그 고소 달콤한 맛이 주는 느낌은 더 각별할 것이다.

83

족발

　돼지를 푹 삶아 된장이나 새우젓에 찍어 먹는 일은 한반도에서는 오래전부터 있었을 것이다. 그 돼지 부위 중 특별히 다리를 따로 삶은 것을 족발이라고 하는데, 이런 이름의 음식이 식당에서 팔리게 된 것은 한국전쟁 이후의 일로 보인다.

　족발이 한반도의 오랜 음식이기는 하겠지만 식당에서 파는 족발은 중국 오향장육五香醬肉의 영향을 받았을 것으로 보인다. 1960년대 한방재료를 넣은 족발이 만들어지고 크게 번져 있는데, 그 근원이 중국의 오향장육에 있지 않나 싶은 것이다. 오향장육은 오향五香에 간장醬을 더한 국물에 돼지고기肉를 조려 낸 음식이다. 오향은 다섯 가지의 향신료, 즉 초피, 팔각, 회향, 정향, 계피를 말한다. 오향의 재료들은 한약재이다. 이 기본의 조리법에 한국식으로 한약재를 넣고 빼면서 지금의 한국식 족발이 만들어졌을 것이다. 갈색으로 때깔을 낸 것과 쫄깃한 식감, 달콤한 시럽 맛은 오향장육이나 족발이나 구별이 잘 되지 않을 정도로 비슷하다.

중국음식에서 유래한 조리법을 따랐다 하여도
족발은 이제 한국음식으로 자리를 굳혔다.

일제강점기부터 있었다는 화상들의 오향장육 전문점은 한반도에
그 흔적이 흐릿하게 남았다. 오향장육과 만두 딱 두 가지만 판매한다.
중국음식을 팔지만 겉모양은 중국집을 하고 있지 않다. 허름한 한국
대중음식점처럼 생겼다. 한국의 서민들과 부대끼면서 한국화한 것
으로 보인다. 물론 이 식당에는 오향족발도 있다.

중국음식에서 유래한 조리법을 따랐다 하여도 족발은 이제 한국
음식으로 자리를 굳혔다. 된장과 새우젓을 곁들여 먹는 것에다 쌈
싸 먹는 방식까지 더하여 한국화하였다. 족발집에는 중국음식이라
느낄 수 있는 어떤 표식도 없다. 한반도에 원래 있던 음식에서 조리
법을 일부 차용해 온 정도였기 때문에 이런 일이 가능할 것이다.

84

홍어

한국 사회에서 홍어는 곧 전라도를 의미한다.
홍어회를 잘 먹는다고 하면 고향이 전라도냐고 물을 정도이다.

홍어는 잡아서 그냥 두면 암모니아 발효를 하는 생선이다. 홍어는 피부로 요소를 뿜어내는데 그 요소가 발효를 일으키는 것이다. 이 암모니아 발효 덕에 냄새는 심하게 나지만 썩는 일은 없다. 홍어가 많이 잡히는 전라남도 해안 지방에서 이 삭힌 홍어회를 흔히 먹었다. 이 지방에서는 홍어회를 최상의 음식으로 여겼지만 외지에서는 그 지역에서나 먹는 별난 음식으로만 여겼다. 홍어회는 수도권에는 웬만큼 번졌으나 타 지역에서는 여전히 별난 맛이 나는 음식으로 취급되어 이를 파는 식당이 많지 않다.

한국 사회에서 홍어는 곧 전라도를 의미한다. 홍어회를 잘 먹는다고 하면 고향이 전라도냐고 물을 정도이다. 경상도 출신이면서 홍어회를 잘 먹는다 하면 신기한 눈으로 바라본다. 전남 목포 출신의 고 김대중 대통령이 홍어를 특히 좋아하여 영국에 체류할 때 홍어를 공수하여 먹었다는 말이 전하는데, 지역감정이 극심한 한국적 상황에서는 이런 이야기 자체가 홍어는 곧 전라도라는 이미지를 굳히게 하고 있다. 지역감정에 매몰되어 있는 경상도 사람들은 홍어에 대해서도 배척의 감정을 싣는 것이다.

홍어회에 묵은 김치와 삶은 돼지고기를 더하여 먹는 것을 삼합이라 한다. 삼합이라는 말이 크게 번진 것은 1990년대이다. 그 이전의 홍어횟집은 삭힌 홍어회를 왕소금 찍어 먹으며 막걸리 한잔 하던 선술집이었다. 그 곁에 묵은 김치가 있을 수도 있고 돼지고기가 놓일 수도 있었다. 이 홍어회에 삼합이라는 이름이 붙으면서 품위 있는 요리로 그 격을 달리하기 시작하였다. 홍어회가 고급음식으로 거듭나게 된 것이다. 그러면서 허름한 선술집의 홍어회는 많이 사라졌다. 전라도 민중의 투박한 정서가 사라진, 고급음식점의 말끔한 홍어삼합은 박물관의 모조 유물로 보여 그 톡 쏘는 향도 멀게만 느껴진다.

85

치즈

치즈는 한국인에게 '서양 사람들이 좋아하는 냄새나는 그 무엇'이다. 이를 뒤집어, 한국인은 서양 사람들이 김치를 '한국인이 좋아하는 냄새나는 그 무엇'으로 여긴다고 생각한다. 그래서 사진을 찍을 때 "치즈~"라고 하는 것을 "김치~"로 바꾸어 말한다. 서양인들에게 사진을 찍어 줄 때에 이 "김치~"는 특히 강요된다. 그러나 "김치~" 하고 말하면 "치즈~"라고 할 때와는 달리 입술의 끝이 위로 올라가 밝게 표정이 지어지는 것이 아니다. 그러면서도 "김치~" 하고 고집하는 것은 김치에 대한 민족적 자부심의 한 표현이기도 하지만 한편으로는 치즈에 대한 본능적 거부감을 드러내는 것이기도 하다.

한국인은 치즈의 발효 향에 적응을 하지 못하고 있다. 발 고린내가 난다고 여긴다. 그래서 자연 발효 치즈의 판매는 미미하다. 치즈에 연유 등을 섞은 가공 치즈만 소비할 뿐이다. 서양의 음식이라 하면 다 고급이라 여기고 특히 유제품인 치즈가 건강 식품이라 생각하면서도 자연 발효 치즈에 대해서는 유독 거부감을 드러낸다. 1990

년대 서울 강남을 중심으로 퐁듀 등을 내는 치즈 음식 전문점이 등장하였지만 크게 번지지 못하고 있는 것도 치즈에 대한 이런 거부감 때문이라 할 수 있다. 또 와인이 유행하면서 그 안주로 자연 발효 치즈에 대한 수요가 있었는데 와인을 마실 때에나 이 자연 발효 치즈를 찾을 뿐 일상의 음식으로 확장되지는 않고 있다.

발효음식은 어릴 때부터 입에 붙여야 그 맛을 알게 되고 또 어른이 되어서도 그 음식을 찾게 된다. 한국인은 치즈가 몸에 좋다 하여 자신의 아이들에게 열심히 치즈를 사 준다. 그러나 그 유아용 치즈들을 보면 다 가공 치즈이다. 이것저것 향을 가미하여 치즈 본디의 향과는 한참 거리가 있는 치즈를 먹이고 있는 것이다. 이 아이들이 자라서 자연 발효의 치즈를 찾을 리는 만무한 것이다. 서양인들에게 "기무치~"가 아니라 "김치~"라고 일러 주려면 그들이 "치즈~"를 외치는 마음을 읽을 필요도 있을 것이며, 치즈 맛을 알아야 그 마음도 알 것이다.

86

햄

한국인은 햄을 무척 좋아한다. 찌개에도 넣고 라면에도 넣고 김밥에도 넣는다. 제사음식인 산적에도 햄이 들어간다. 이 정도면 햄은 완전히 한국화한 음식이라 할 수 있다. 그러나 한국인이 즐기는 햄을 보면 인공 향료가 듬뿍 든 가공 햄일 뿐이다. 햄이라는 단어가 원래 뜻하는, 돼지 뒷다리를 자연 숙성시킨 햄과는 한참 거리가 있다. 자연 숙성의 햄을 흔히 생햄이라고 한다. 에스파냐어로는 하몽jamon, 이탈리아어로는 프로슈토prosciutto이다.

한국에서는 돼지 뒷다리가 남아돈다. 이 부위의 돼지고기가 퍽퍽하다 하여 인기가 없는 것이다. 그러나 서양에서는 사정이 다르다. 이 돼지 뒷다리로 생햄을 만들어 비싸게 팔고 있다. 1990년대 한국의 식품회사에서 돼지 뒷다리를 이용한 생햄 개발을 시도하였다. 그러나 시장 진입에 실패하였다. 2000년대 들어서도 축산연구기관들에 의한 돼지 뒷다리 생햄 개발은 지속되었다. 남아도는 돼지 뒷다리를 어떻게든 처리하여야 하기 때문이었다. 그 개발 모델은 서양의 생햄이며 시장이 그 서양의 음식에서 열릴 것으로 보고 하는 일이다. 수입 생햄 시장도 미미한데, 개발 방향이 잘못되어 있는 것이다.

조선 중기의 저작인 《증보산림경제》에 조선의 생햄 제조법이 실려 있다. 이를 납육臘肉이라 적고 있다.

싱싱한 돼지고기를 덩어리째로 말린다(밀 삶은 물에 데친다). 한 근에 소금 한 냥으로 비벼서 항아리 안에 넣고 2~3일에 한 번씩 뒤집는다. 보름 뒤 식초에 하루이틀 재웠다가 항아리에서 꺼낸다. 먼저 절였던 물로 깨끗하게 씻어 연기 안 나는 깨끗한 방에 매달아 놓는다. 20일 지나서 마른 듯 젖은 듯하면 헌 종이로 싸서 큰 항아리에 잿물 뺀 재와 고기를 번갈아 켜켜이 넣고 뚜껑을 덮어 서늘한 곳에 둔다. 이렇게 하여 두면 해를 지나도 여전히 싱싱하다.

(농촌진흥청의 번역본을 읽기 좋게 손을 보았다.)

한국인은 음식문화를 이해할 때 전파를 먼저 머릿속에 그린다. 선진의 어느 곳에서 먼저 발명이 되고 이를 후진의 어느 곳에서 받아들이는 방식의 전파이다. 각각의 지역에서 생산되는 식재료와 도구가 같거나 비슷하면 서로 교류가 없다 하여도 그 두 지역의 음식이 비슷할 수 있다는 생각은 하지 않는 것이다. 한국에 아직 사대가 살아 있는 것이다.

87

피자

한국에서 피자는 미군부대를 통하여 처음 소개되었다. 1970년대 서울에는 강남 개발 붐으로 이른바 졸부들이 탄생하였다. 이들은 미군부대에서 뒤로 빼내오는 음식들을 먹으며 자신의 신분을 과시하였다. 그때에 피자도 그들 손에 들려졌다. 두툼한 빵에 기름지고 짠맛이 강렬한 냉동 피자였다. 이 피자의 근원을 알지 못하니 파이와 비슷하게 생겼다 하여 피자파이라고 불렀다.

1970년대 말에 들자 서울의 여기저기에 피자집이 생겼는데, 크게 인기가 있었던 것은 아니다. 미군부대에서 나온 것 같은 본격적인 미국 본토의 피자가 아니라고 생각하였던 것이다. 1985년 피자헛, 피자인 등 미국의 피자 프랜차이즈가 서울에 진출하였다. 커다란 주방을 갖춘 대형 매장이었다. 깔끔하고 화려한 서구적인 인테리어에 한국의 젊은이들은 금방 마음을 빼앗겨 버렸다. 과다한 기름과 그 짜디짠 치즈에도 맛있다고 먹었다. 당시 서울 부자 동네의 상징이었던 한남동과 압구정동에서 시작하여 대학로, 명동 등 젊은이들의 거리

당시 서울 부자 동네의 상징이었던 한남동과 압구정동에서 시작하여
대학로, 명동 등 젊은이들의 거리로 순식간에 그 영역을 넓혔다.

로 순식간에 그 영역을 넓혔다.

1990년대에 들자 이 미국식 피자에 대해 반기를 들고 나서는 가게들이 생겼다. 피자는 이탈리아음식이며, 자신들은 이탈리아식으로 조리된 피자를 내놓고 있다고 알렸다. 빵은 얇아지고 토핑도 적절하게 올라 있었다. 장작 화덕에서 굽는 이탈리아 피자도 등장하였다. 그러나 이 전통의 이탈리아 피자는 크게 번창하지 못하였다. 한국인은 미국식의 기름지고 짠 피자에 이미 인이 박인 것이다.

2000년대에 들자 저가의 피자들이 동네 구석구석에 침투하였다. 한국 프랜차이즈 브랜드들도 수없이 생기고 사라졌다. 30년 넘게 피자의 열기는 식을 줄 모르고 있는 것이다. 이 열기의 이면을 보면 무척 저렴한 원가가 가장 큰 몫을 차지한다. 피자만큼 마진이 좋은 장사가 없다 하는데, 한국인은 여전히 그 '거품'을 기꺼이 지불하며 피자를 맛있게 먹고 있다. 미국에서 온 것이니까 비싸고 맛없는 것도 불평 없이 맛있게 먹는 것이다.

88

햄버거

간편 건강식으로 권장되던 햄버거가 넘쳐나게 되자
분위기가 바뀌기 시작하였다.

햄버거는 한국 사회에서는 정크푸드의 상징이다. 정크푸드를 한국
말로 옮기면 '쓰레기음식'이다. 한국의 어른들은 비만과 당뇨 등 청
소년의 건강에 대해 내내 걱정의 신호를 내보며 청소년의 건강을 해
치는 원흉의 하나로 늘 햄버거를 지목하고 있다. 그런데도 햄버거의
소비가 줄었다는 소식은 듣지 못한다. 맥도날드를 비롯한 햄버거 가
게들은 날로 더 번창할 뿐이다.

한국에서 햄버거가 처음부터 정크푸드였던 것은 아니다. 1960~70
년대 햄버거는 가정식으로 적극 권장되었던 음식이었다. 혼분식 장
려의 일환으로 집에서 간편하게 먹을 수 있는 음식으로 햄버거가 늘
거론되었다. 햄버거 음식점이 차려지는 것을 환영하는 분위기도 있
었다. 간편하게 영양 균형이 잡힌 음식을 먹을 수 있게 되어 좋다고
생각하였다. 그때 햄버거 파는 가게를 스낵하우스라 하였다.

1979년 서울 소공동에 처음으로 미국식 햄버거를 파는 패스트푸
드점이 생겼다. 롯데리아였다. 1980년대에 들자 버거킹, 맥도날드, 웬

디스 등 미국의 패스트푸드 프랜차이즈들이 일제히 한국 땅을 밟았다. 간편 건강식으로 권장되던 햄버거가 넘쳐나게 되자 분위기가 바뀌기 시작하였다. 특히 미국 햄버거 프랜차이즈가 한국인의 주머닛돈을 챙겨 미국으로 보낸다는 말이 돌았다. 해방 직후 중국인들이 중국음식점을 하여 번 돈을 본토로 다 보낸다는 말이 번진 것과 그 맥이 같았다. 유럽에서는 미국의 프랜차이즈 패스트푸드에 반대하는 움직임이 있다는 언론 보도도 심심치 않게 나왔다.

1990년대에 들자 한국의 젊은 세대들이 한국 고유의 음식 맛을 모르고 자란다는 반성의 목소리가 터져 나왔다. 그 원흉으로 햄버거가 지목되었다. 물론 피자, 프라이드 치킨, 콜라도 지목되었다. 곧이어 햄버거는 한국음식문화의 적인 정크푸드로 낙인이 찍히게 되었다. 한 음식을 두고 이렇게 짧은 시간에 간편한 건강음식이었다가 먹지 말아야 할 쓰레기음식으로 변한 예는 찾기 어려울 것이다. 상반되는 이 두 종류의 말이 모두 한국 식품학계에서 나왔다는 것도 주의 깊게 볼 필요가 있다.

89

콜라

미군은 콜라와 함께 움직인다. 한국 땅에서도 그랬다. 한국전쟁에 참전한 미군은 콜라를 들고 왔다. 미군 피엑스에서 뒤로 빠져나온 콜라가 팔린 것이 그 시초이다. 당시 한국에는 청량음료로 사이다가 있었다. 일제강점기에 만들어진 것이었는데 그 공장들이 운영되고 있었다. 사이다는 라임 향이 나는 단맛의 탄산음료이다. 그 투명한 때깔로 인하여 그 맛을 짐작할 수 있지만 콜라는 달랐다. 검은빛의 그 음료는 코끝을 때리면서 독특한 향을 내었다. 한국인은 처음 맡는 향이었다.

1960년대에 한국 제조 콜라가 선보였다. SC콜라, 스페시콜라 등 20여 개 업체가 콜라를 생산하였다. 스페시콜라는 나중에 칠성콜라로 바뀌었다가 펩시콜라의 라이센스를 받아 펩시콜라가 되었다. 1968년에는 코카콜라가 한국 업체를 통하여 제조 설비를 마련하였다. 이때까지만 하더라도 콜라 시장은 그리 크지 않았다. 청량음료를 사 먹을 만큼 한국인의 주머니 사정이 넉넉하지 않았기 때문이었다.

1980년대 패스트푸드 시장이 급성장을 하면서 콜라 수요도 급격히 늘었다. 햄버거, 피자, 프라이드 치킨은 반드시 콜라와 먹어야 되는 음식으로 인식이 되었고, 이들 음식과 콜라는 한국 젊은이의 한 상징이 되었다.

1998년 코카콜라의 라이센스를 가지고 있던 범양음료가 미국의 코카콜라 본사에 불만을 품고 독자 브랜드의 콜라를 출시하였다. '콜라독립815'라는 브랜드였다. 당시 한국은 경제위기 상황에 놓여 있어 한국인은 민족적 감성을 자극하는 콜라독립815에 열렬한 지지를 보내었다. 그러나 그 지지는 오래 가지 않았다. 맛이 코카콜라에 모자란다는 말이 돌면서 인기는 금방 시들해지고 말았다. 이를 두고 역시 음식은 애국심보다 맛이 더 중요하다고들 생각할 수 있지만, 당시 코카콜라 사가 소비자 혼란 마케팅을 펼쳐 성공한 것이라 보는 것이 맞다. 콜라 맛이란 사람들이 생각하는 것처럼 그렇게 크게 변별력이 있는 것이 아니다. 여기에 코카콜라 사는 코카콜라가 더 맛있다는 사인을 소비자에게 보내어 소비자들이 그 비슷한 느낌을 갖게 하였고, 그 사인을 소비자들이 서로 토론하게 하여 "역시 콜라는 코카콜라야" 하는 확신을 심은 것이다. 청량음료 같은 것은 맛보다는 마케팅이 더 중요하다. 어찌 되었든, 그 일로 코카콜라는 '맛있는 콜라'라는 이미지를 한국인에게 더 강하게 심어 놓고 말았다.

90

커피

구한말 고종이 커피 마니아였다고 한다. 고종에게 커피 맛을 들이게 한 사람은 손탁이라는 독일계 러시아 여자였다. 당시는 인스턴트 커피가 없었으니 원두 커피를 마셨을 것인데, 에스프레소 머신도 없었고 드립을 하는 방법이 정착된 시기도 아니었다. 고종은 원두 가루를 조그만 놋그릇의 용기에 담아 달여 마셨을 것이다. 원두가 신선한 것도 아니었을 터이니 고종의 그 커피는 쓰디쓴 맛이 났을 것이다. 자신의 왕국이 무너져 가고 있었으니 설탕물인들 달았을 리 없을 것이므로 고종은 커피가 쓴지 자신의 입맛이 쓴지 모르고 마셨을 것이다.

일제강점기 커피는 모던한 지식인의 감상적 허영을 채우는 음료였다. 토속적 서정을 소설에 담은 이효석조차 낙엽을 태우면서 "갓 볶은 커피 냄새가 난다"라고 하였다. 다방에 앉아 커피를 마시며 사색하는 것이 일제강점기 지식인이면 반드시 해야 할 일이었다.

한국전쟁에 참전한 미군이 인스턴트 커피를 한국 땅에 들여왔다.

미군 피엑스에서 몰래 빠져나온 이 인스턴트 커피는 보따리 아줌마의 손에 의해 일반의 가정집에까지 번져 나갔다. 찻잔이 없어 사발에 커피를 타 숭늉 마시듯 하여도 이를 멋으로 여겼다. 1970년 동서식품이 한국 최초로 인스턴트 커피를 생산하였다. 이 인스턴트 커피에 타 마시는 가짜 크림인 프림도 생산되었다. 1980년대에는 스틱 포장의 일회용 커피가 만들어졌다. 곧 한국은 인스턴트 커피만 있고 원두 커피는 찾아보기 힘든 나라가 되었다.

1998년 스타벅스가 한국에 진출하였다. 싸구려 커피에 뉴요커의 스타일을 담아 비싸게 파는 업체로 욕을 먹고 있지만, 인스턴트 커피 중심의 한국을 바꾸는 데는 스타벅스가 큰 역할을 하였다. 스타벅스 이후 수많은 원두 커피 전문점이 생겼으며 커피가 단지 쓴맛만 나는 음료가 아니라는 사실을 한국인도 알아 가고 있는 중이다. 커피가 한국 땅에 들어온 지는 100년도 넘었건만 그 바른 맛을 알려고 하는 노력이 있게 된 것은 극히 최근의 일이다. 한국인이, 고종보다야 낫지만, 불쌍한 것이다.

91

와인

한국에서는 와인을 안다는 것은 와인의 맛을 아는 것이 아니라
그 와인에 담긴 정보와 잡다한 스토리를 아는 것이라 할 수 있다.

한국에서 와인은 1995년을 기점으로 갑자기 중요한 술이 되었다. 모든 언론이 약속이나 한 듯이 와인을 알아야 한다며 한국인을 내몰았다. 와인을 모르거나 마시지 않겠다 하면 미개인 취급이라도 할 태세였다. 곳곳에서 와인 파티라는 이름으로 와인 공부 자리가 마련되었고 보졸레누보가 나오는 날에는 대규모 파티를 열어 사람들을 끌어모았다. 그렇게 하여 와인 시장은 한순간에 넓어졌다. 와인 생산 국가와 와인 수입 업체, 언론의 합작이 만들어 낸 개가였다.

한국인이 와인에 대해 알아야 할 것은 대충 이런 것이었다. 와인 생산지의 역사와 땅, 기후에서부터 포도의 품종, 생산년도의 작황, 서리 내린 후 따는지 등의 수확 방법, 껍질을 까는지, 씨앗을 제거하는지, 어떤 발효통을 쓰는지 등등의 발효 방법, 지역에 따라 차이나는 병 모양새의 이유, AOC 등 라벨에 붙어 있는 정보를 읽어 내는 법, 와인 전문가의 평가 등등. 여기까지는 와인을 고르는 데까지의 공부이고, 와인을 마실 때 또 대하소설 한 편 정도의 스토리를 읊을

수 있는 소양을 쌓아야 한다. 와인의 맛 요소와 향에 대한 이해가 있어야 하고 와인의 색상에 대한 미학적 고찰도 따라야 한다. 와인과 공기를 소통하게 하는 디캔팅이며, 와인을 잔에 따르고 살살 돌려 향을 배가시키는 법 그리고 그 와인에 어울릴 법한 음식을 선택하는 것까지 그 공부는 끝없이 이어진다.

프랑스에서는 모르겠으나 적어도 한국에서는, 와인을 안다는 것은 와인의 맛을 아는 것이 아니라 그 와인에 담긴 정보와 잡다한 스토리를 아는 것이라 할 수 있다. 그래서 와인은 '즐기는 술'이 아니라 '공부하는 술'로 여겨지고, 따라서 와인은 학력고사 시험 문제처럼 쳐다보기 껄끄러운 존재가 되어 버리는 것이다. 그러니 와인 시장은 이내 시들해지고 말았다. 2000년대 말에 들면서 와인 소비는 전반적으로 줄고 있다.

그러나 한국에서의 와인 소비 감소를 와인 생산국에서는 크게 신경 쓰지 않을 수도 있다. 거대 중국이 와인 맛을 들이고 있는 중이기 때문이다. 한국 와인 시장이 급증하였던 그 시기가 일본 와인 소비가 소강 상태로 접어들었을 때라는 것을 상기할 필요가 있다. 곧 한국에서 와인은 별로 중요하지 않은 술이 될 수도 있는 것이다.

92

맥주

일제강점기, 맥주는 '모던한 삶'의 한 상징이었다. 개화한 사람들은 삐루홀에서 맥주를 마시며 밴드에 맞추어 지루박, 탱고 같은 사교춤을 추었다. 딴스홀과 뒤섞여 존재하였다. 이 삐루홀 전통은 광복 이후에도 이어졌는데, 이름은 '순화'되어 맥주홀이라 하였다. 한국전쟁 이후 사교춤은 차츰 사라지고 미군에 의해 묻어온 트위스트 같은 춤을 추었다. 1970년대에 들자 맥주홀은 고고장이, 1980년대에는 다시 디스코장이 되었으며, 1990년대 이후에는 클럽이라는 이름으로 그 맥이 이어지고 있다. 클럽에서 테크노를 추는 2000년대 젊은이나 일제강점기 지루박을 추던 모던 뽀이나, 그들의 손에 들린 것은 대체로 맥주였다. 맥주는 한국인에게 오랜 전통을 지닌 유흥의 술인 것이다.

1970년대 유흥의 맥주홀에서 벗어난 젊은이들의 맥줏집이 등장하였다. 생맥줏집이다. 생맥줏집에는 춤도 없고 음악도 없고 여자도 없었다. 저렴하게 술을 마시면서 토론할 수 있는 공간이 등장한 것이다. 통기타, 장발과 함께 이 생맥줏집은 1970년대 젊은이의 상징이 되었다. 박정희에 의한 장기적 폭압정치의 한 돌파구로 미국의 히피 정신이 이 생맥줏집의 주요 코드가 되었다. 1980년대에 들면서 생맥주는 록음악과 결합하여 대학가에 록카페를 만들어 내었다. 유흥의 술에서 반항의 술로 바뀐 것이다.

1970~80년대에 젊은 시절을 보낸 중년의 한국인은 으레 2차 술자리로 생맥줏집을 간다. 1차 술자리에서는 소주를 마시면서 취기를 올리는데, 대체로 음식 먹는 것에 집중하여 많은 이야기를 나누지는 않는다. 2차로 간 생맥줏집에서는 "이제 우리 속내를 말하자"는 분위기를 만든다. 국내 정치에서부터 먼 우주론까지 온갖 문제가 토론의 주제가 된다. 그 앞에 빈 맥주잔은 쌓여 간다. 한국인에게 토론의 술로 생맥주가 있다는 것은 행복한 일이다.

93

쥐포

쥐치의 포이니 쥐치포가 맞는 말이나 한국인은 다들 쥐포라고 부른다. 쥐칫과의 생선을 조미하여 말린 것이다. 한국인이 간식과 안주로 가장 즐기는 음식 중의 하나이다.

한국에서 쥐포를 먹기 시작한 것은 1960년대 말의 일이다. 일본 수출용으로 가공되던 쥐포가 국내 시장에 흘러나와 조금씩 번졌다. 부산, 통영, 여수 등지에 쥐포 가공 공장들이 있었는데 이 지역 사람들은 나무상자에 고급스럽게 포장한 일본 수출용 쥐포를 보며 신기해하곤 했었다. 쥐포처럼 생선을 조미하여 말린 음식, 즉 어포는 일본에서 오래전부터 먹던 것이다. 그러니 일제강점기에 이런 어포 가공법이 한반도에 유입되었을 것이고, 따라서 쥐포도 1960년대 이전부터 있었을 수도 있다.

쥐포가 대한민국의 주요 간식으로 등장한 것은 1970년대이다. 갑자기 시장과 가판에 대량의 쥐포가 깔렸다. 일설에는 일본 수출에 올랐던 쥐포가 상하여 클레임에 걸렸고, 그 상한 쥐포가 국내에 팔리게 된 것이 대량 유통의 시초라고 한다. 1990년대 들어 국내 쥐치 어획량이 급감하면서 쥐포는 귀한 음식이 되었다. 수요가 있으니 한 국의 상인들이 베트남과 중국으로 가서 쥐포를 만들어 한국에 공급 하였다. 쥐포 수출국이 쥐포 수입국으로 변한 것이다.

쥐포는 쥐치의 살에 여러 조미료를 첨가하여 굳힌 것이다. 화학조 미료에 설탕, 소금 등등이 첨가된다. 화학조미료 함량이 상당한데 쥐 포 생산자들은 화학조미료를 넣지 않으면 소비자들이 맛없다며 먹 지 않는다고 말한다. 한국인이 쥐포를 좋아하는 까닭은 세 가지이다. 입에서 질경질경 씹는 식감이 첫째이고, 쥐포를 구울 때 나는 독특 한 냄새가 그 둘째 이유이다. 쥐치의 살이 구워지면서 내는 큼큼함 과 설탕이 타면서 내는 달큰함이 결합하여 내는 그 묘한 냄새는 원 초적인 욕구를 건드린다. 여기에 화학조미료의 감칠맛이 작동하면서 그 맛이 폭증을 하는 것인데, 짜고 달고 감칠맛 나는 음식을 좋아하 는 한국인의 입맛 습성에 닿아 있는 음식이다.

94

팝콘

한국의 영화관에는 반드시 팝콘이 있다. 다른 곳에서는 팝콘이 보이지 않는다. 비슷한 것이 있기는 한데, 재래시장이나 길거리에서 파는 옥수수뻥튀기가 그것이다. 길거리에서 커다란 비닐봉지에 담겨 팔린다. 이 둘은 옥수수를 팽화했다는 것은 같은데 그 음식이 주는 이미지는 확연히 다르다. 팝콘은 세련된 미국식 삶을, 옥수수뻥튀기는 한국식 토속적 삶을 표상한다.

옛날 영화관 앞에서는 옥수수뻥튀기와 함께 오징어, 고구마튀김, 쥐포, 군밤 등이 팔리었다. 이를 사서 들고 들어가 영화를 보곤 했다. 1970년대 이후 버터나 마가린에 튀긴 팝콘이 영화관 앞과 유원지 등에 등장하였지만 영화를 볼 때 반드시 팝콘을 먹어야 한다는 '규칙' 같은 것은 없었다. 1990년대 멀티플렉스라는 복합 영화관이 만들어지면서 영화를 보면서 먹는 음식에 대해 영화관이 관여를 하게 되었다. 영화관 안에서 파는 음식만 가지고 들어갈 수 있다고 그들이 '규칙'을 정한 것이다. 그러면서 이들은 팝콘을 전면에 내세워 팔고 있

한국 영화관의 팝콘은 버터나 마가린으로 튀긴
고소하고 짭짤했던 그 옛날의 팝콘이 아니다.

다. 영화 볼 때 팝콘을 먹으면 더 맛있거나 하여 이를 권장한 것이
아니다. 단지 다른 어떤 군것질거리보다 마진이 높기 때문인데, 제조
원가에 10배의 마진을 붙여 판다.

한국 영화관의 팝콘은 버터나 마가린으로 튀긴 고소하고 짭짤했
던 그 옛날의 팝콘이 아니다. 당으로 코팅이 된 달콤한 팝콘이다. 손
에 붙지 않는 당인데, 사탕을 만들 때 쓰는 솔비톨sorbitol 같은 당일
것이다. 당장 입에만 달지, 먹고 나서는 뒷맛이 영 개운치가 않다.

한국 사회는 거대 자본이 시장을 완전히 잠식하여 영화관에서 먹
는 음식 하나에까지 이것 먹어라 저것 먹지 마라 하고 간섭을 한다.
영화관이란 겉은 세련된 문화의 공간이지만 그 안은 영악한 속물들
이 소비자의 주머니를 강탈하기 위해 꾸며 놓은 공간이다. 팝콘이
표상하는 세련된 미국적 삶이란 대체로 이런 것이다.

95

마카롱

마카롱이 들어오기 전에는 마들렌을 카피하였고,
마들렌 전에는 와플을 베꼈다.

2000년대 후반 한국에 마카롱이 느닷없이 번졌다. 마카롱은 프랑스의 과자이다. 밀가루에 달걀흰자, 고운 분말 설탕, 아몬드 가루로 반죽을 하여 바삭하고 부드러운 '거품 쿠키'로 굽고 그 쿠키 사이에 여러 달콤한 크림을 넣은 과자이다. 서양에서 흔히 먹는 디저트이며 커피나 홍차에 곁들여 먹다가 단독의 과자로 분화되어 팔리고 있다.

한국의 과자 유행은 일본을 그대로 따른다. 일본에서 유행을 한다 싶으면 2년에서 5년 사이에 한국에 그 과자가 그대로 들어온다. 과자만 똑같은 것이 아니라 매장의 인테리어도 똑같이 카피를 한다. 마카롱이 들어오기 전에는 마들렌을 카피하였고, 마들렌 전에는 와플을 베꼈다. 마카롱 업자들은 프랑스에서 '직수입'한 상품인 듯이 말하고 있는데, 일본에서도 마카롱이 유행일 때 프랑스 직수입을 떠들었다. 마케팅 방법까지 카피하고 있는 것이다.

과자류 유행의 전파 경로가 유럽→일본→한국인 것은 일제강점기부터의 일이다. 일본에서 유럽의 상품을 들여와 자기 식대로 해석하여 상업적 성공을 거두는 것을 보고 나서 한국이 이를 모방을 하는 방식이다. 쿠키나 스낵류의 공장 과자까지 이를 따라하여 일본과 한국의 과자류는 그 경계가 없다. 한국 중장년층이 자신의 추억이 오롯이 담겨 있는 새우깡, 라면땅, 땅콩산도 등등을 일본에서 발견하고는 화들짝 놀라는 일이 허다하다.

한국에서 마카롱 매장이 가장 많이 있는 곳은 백화점 지하 식품매장이다. 백화점 식품매장은 분명 한국 땅에 있는 것인데 거의 모든 즉석식품과 과자류는 일본 백화점 그대로이다. 매장 인테리어도 똑같고 심지어 직원의 유니폼까지 똑같다. 신세계, 현대 등의 로고만 눈에 띄지 않으면 일본의 백화점이라 해도 일본인도 속을 것이다. 한국인은 일본의 한류韓流를 자랑하지만 한국에서는 이미 온전히 일류日流 안에서 살고 있는 것이다.

96

라면

한국을 라면 공화국이라 한다. 인스턴트 라면 1인당 소비량이 세계에서 제일 많기 때문인데, 엄밀히 말하면 인스턴트 라면 공화국이다. 인스턴트 라면은 일본에서 건너온 것이다. 1961년에 나온 삼양라면이 그 시초이다. 이 인스턴트 라면은 노동자들의 값싼 식량이 되어주었고 저임금을 바탕으로 한 한국 고도성장 신화를 만든 한 동력이 되었으니, 인스턴트 라면 공화국이라는 이름이 소비량만 보고 붙은 것은 아닐 터이다.

1990년대에 들면서 일본의 라멘이 한국 땅에 들어왔다. 라멘은 인스턴트 라면의 원형이라 할 수 있는데, 한국인은 이 라멘을 앞에 두고 당혹스러워하였다. 인스턴트 라면이 일본에서 들여온 것이라고는 알고 있었지만 일본인이 즐겨 먹는 것은 라멘이고 그 라멘의 맛이 인스턴트 라면과 너무 달랐기 때문이다. 한국인의 입맛에는 느끼하고 둔탁한 맛이다. 1990년대 한국 땅에 문을 연 일본 라멘 전문점 중 다수는 손님도 제대로 받지 못하고 문을 닫아야 했다. 2010년대 현재도 한국인은 이 라멘의 맛에 적응하지 못하고 있어 여느 일본음식에 비해 크게 번지지 않고 있다. 또 아예 한국화한 라멘을 내는 가게들이 생기고 있다.

라멘을 한국에서는 일본음식이라 여기지만, 일본에서 라멘은 중국음식이다. 그래서 일본의 라멘 가게에서는 붉은색 바탕의 헝겊에 세로로 '중화풍'이라 쓴 글을 흔히 볼 수 있다. 음식문화란 발신자 중심의 사고로 형성되기보다 수용자의 시선이 더 크게 관여하기 때문에 이런 일이 발생하는 것이다.

중국, 일본, 한국 이 세 나라는 수천 년간 서로 영향을 주고받으며 살았다. 이 세 나라의 음식들도 서로에게 간섭하며 뒤섞였다. 근대 들어 일제의 한국 병탄과 대륙 침략, 중국 공산화와 한반도의 분단 등으로 세 국가는 서로 반목하며 살았다. 한국은 특히 일제 식민지 경험과 분단으로 인해 바로 이웃인 두 국가를 진정한 이웃으로 여기지 못하면서 지내고 있다. 언젠가는 세 국가의 정상들이 각국의 라면 한 그릇씩을 앞에 놓고 서로 비슷한 입맛을 지니고 있음을 확인하면서 아시아적 삶에 대해 논의하는 일이 벌어질 수도 있을 것이다.

97

스파게티

이탈리아의 면 요리는 파스타이다. 스파게티는 여러 면 중에 가늘고 긴 국수 모양의 파스타를 말한다. 한국에서는 파스타 중에서도 스파게티를 특히 많이 먹어 이탈리아의 면 요리 이름을 흔히 스파게티라고 말하고 있다.

한국에는 두 종류의 스파게티가 있다. 분식집 같은 대중음식점의 스파게티와 이탈리안 레스토랑의 스파게티, 다른 말로 하면, 비전문가의 스파게티와 전문 요리사의 스파게티가 있다.

스파게티가 한국인에게 본격적으로 소개된 것은 1980년대의 일이다. 돈가스, 햄버거 스테이크를 파는 경양식집에서 이 스파게티를 팔았다. 대체로 짜고 단 토마토소스를 끼얹은 것이었다. 건조 스파게티로 하는 요리법은 간단하였다. 스파게티 삶고 나서 토마토 페이스트나 케첩으로 비비면 그만이었다. 올리브유는 그 당시 귀하여 익힌 스파게티를 팬에 볶는다든지 하는 요리법을 구사할 수 없었다. 그래서 집에서 스파게티를 흔히 해서 먹었다. 비빔국수와 크게 다르지 않은 음식으로 여겼다.

1990년대에 스파게티가 고급스러운 음식임을 강조하는 식당들이 생겼다. 특히 호텔 레스토랑에서 '본격 이탈리안 스파게티'를 내놓았다. 이탈리아식의 심플한 인테리어를 한 스파게티 전문점도 등장을 하였다. 2000년대에 들자 스파게티는 아무나 할 수 있는 요리가 아니게 되었다. 현지에서 '정통 이탈리안 스파게티'를 배우고 왔다는 요리사들이 전면에 등장하였다. 이들은 스파게티가 아니라 파스타라고 강조하여 그 이름을 달리 불렀다. 이들의 레스토랑 벽에는 이탈리아 요리학교를 졸업하였다는 증명서와 함께 현지 요리사들과 찍은 사진이 붙었다. 이들은 대체로 젊고 잘생겼으며 유학을 다녀온 부잣집 아들의 행색을 하고 있었다. 그러면서 스파게티는 급작스럽게 고급한 음식이 되었다.

파스타는 이탈리아의 대중음식이다. 고급할 것도 없고 복잡한 요리법이 있는 것도 아니며 누구든 대충 요리해 먹는 음식이다. 한국의 스파게티도 대중음식으로 그렇게 자리를 잡아 가다가 외국물 먹었다는 요리사들에 의해 허영심이나 채우는 음식으로 전락해 버리고 말았다. 그 허영심을 채우기 위해 한국인은 기꺼이 자신의 주머니를 열 것임을 이 영악한 젊은 요리사들은 잘 알고 있었던 것이다.

98

뷔페

뷔페는 프랑스어이다. "여러 가지 음식을 큰 식탁에 차려 놓고 손님이 스스로 선택하여 덜어 먹도록 한 식당"이다. 이런 스타일의 식당이 프랑스에 흔한지 또 프랑스에서 건너온 외식문화인지에 한국인은 별 관심이 없다. 극히 한국적인 단어 설명을 붙이자면 '일정한 돈을 내고 마음대로 양껏 음식을 먹을 수 있는 공간'이 되겠다.

1970년대까지 뷔페는 호텔에서 연회를 할 때 특별히 차려졌다. 뷔페 레스토랑이 따로 있었던 것이 아니라 행사용으로 초대된 손님 수에 따라 차려진 것이었다. 1980년대에 들자 (특1등급 호텔을 제외하고) 호텔에서 본격적인 뷔페 사업에 뛰어들었다. 호텔에서 결혼식을 하고 그 호텔의 뷔페에서 피로연이 치러졌다. 이 풍습은 순식간에 일반 결혼식장에도 번졌다. 경제 사정이 나아지자 결혼식은 호사스러워졌으며 그에 맞추어 결혼식장도 대형화하였는데, 이 결혼식장에 아예 뷔페가 들어가 자리를 잡은 것이다. 이즈음에 결혼식 뷔페에서 '먹는 재미'를 맛본 소비자들을 끌어들이기 위한 대중음식점 형태의 한국인은 오랫동안 못 먹고 못살았다.
그 한풀이로 뷔페가 잠시 등장하였다가 그 임무를 마감하고
사라지고 있는 것이다.

뷔페도 등장하였다.

1990년대에 들자 뷔페는 가족 외식과 직장인 회식의 장소가 되었다. 고기를 마음껏 먹을 수 있는 뷔페, 해산물을 마음껏 먹을 수 있는 뷔페, 술을 마음껏 마실 수 있는 뷔페 등이 등장하였다. 젊은이와 아이들이 좋아할 만한 외국 브랜드의 뷔페도 등장하였다. 음식뿐 아니라 인테리어와 종업원의 복장까지 서구적으로 꾸몄다. 화려하고 아기자기한 색감의 인테리어는 식당이라기보다 놀이공원에 가까웠다. 여기에 맞추어 종업원들은 '쇼'까지 하였다. 축하할 일이 있는 손님 앞에서 종업원들이 빙 둘러 서서 노래와 율동을 선물하였다.

2010년대 현재 한국인은 뷔페 가는 일을 즐기지 않는다. 잔뜩 차려진 음식이 성의 없고 맛없다는 사실을 알아차리기 시작한 것이다. 또, 그 돈이면 몇 가지 맛있는 음식만 챙겨 먹는 게 실속 있다는 점도 알게 된 것이다. 한국인은 오랫동안 못 먹고 못살았다. 그 한풀이로 뷔페가 잠시 등장하였다가 그 임무를 마감하고 사라지고 있는 것이다.

99

유기농

농약과 화학비료는 한국의 농업과 식량 문제에 혁명적 일을 하였다. 오직 노동만으로 잡초, 벌레와 맞서 싸우고 자연에서 거름을 내어야 했던 농민들에게 농약과 화학비료는 산업화의 가장 큰 선물이었다. 노동이 줄고 생산량이 늘어나니 싼값에 먹을거리를 공급할 수 있게 되어 도시 소비자에게도 농약과 화학비료는 큰 선물을 안겼다고 할 수 있다. 1970년대 한국 농민 사이에서 이 선물에 문제가 있음을 깨달은 사람들이 있었다. 당시 일본에서 자연농법이 유행하였는데, 그 바람이 한국 땅에도 불기 시작하였던 것이다. 1980년대에 이르자 순식간에 자연농업, 유기농법이라는 말이 번졌다. 주머니 사정이 넉넉해진 일부 계층에서 이 유기농을 찾기 시작한 것이다.

유기농 전문 업체인 풀무원도 이 시기에 창업을 하였는데, 풀무원이 서울 강남의 부자 동네에 그 첫 매장을 낸 것은 유기농이 한국 소비시장에서 어떤 위치를 차지하게 될 것인지 상징하는 일이 되었다. 유기농은 건강에 좋으니 고가에 사야 한다는 강박을 심어 놓은 것이

한국 농민에게 유기농은 '팔 곳이 한정되어 있어
판매자에게 휘둘릴 수밖에 없는 농업'이다.

다. 모든 유기농이 반드시 그 재배 비용이 월등히 많이 들어가는 것
은 아님에도 유기농은 '비싼 농업'이 되었다. 그 탓에 유기농 농산물
이 일반 시장에 진입하지 못하고, 결국은 유기농 농가는 판매에 어려
움을 겪고 있는 것이 현실이다. 몇몇 전문 유통업체와 생협 등이 유
기농 시장을 쥐고 있어 때에 따라 유기농 농산물 출하 가격이 관행
농산물 출하 가격보다 못한 일도 생기고 있다. 이 역전의 상황에서
도 유기농 소비자들은 자신의 소비 행위가 윤리적일 것이라 여기는
데, 유기농 전문 유통업체와 생활협동조합 등이 그에 대한 정보를 알
리지 않기 때문이기도 하다.

　한국 소비자에게 유기농은 '있는 자의 윤리적 소비'라는 포장이
씌워져 있지만, 한국 농민에게 유기농은 '팔 곳이 한정되어 있어 판
매자에게 휘둘릴 수밖에 없는 농업'이다. 한국 농업의 비극은, 소비
자가 농민을 위하는 것처럼 여기는 일이 결국 농민을 약탈하는 것임
을 깨닫지 못하는 데 있다.

100

정치

정치는 먹는 것을 나누는 행위이다. 누가 더 먹고 누가 덜 먹을 것인가, 누가 좋은 것을 먹고 누가 나쁜 것을 먹을 것인가가 정치에 의해서 결정된다. 그러나 한국인은 먹는 것이 정치적인 일과 관련이 없는 듯이 여긴다. 심지어 음식 먹는 데 골치 아픈 정치 이야기는 하지 말라 한다.

한국의 먹을거리 유통은 대기업이 접수를 하였다. 그들은 유통 합리화를 명목으로 규격화된 대량생산 대량유통 먹을거리를 기획하여 소비자에게 싼 가격으로 판매하고 있다. 그 대표적 먹을거리가 한 대형 유통업체의 '통큰' 시리즈 음식이다. 소비자 입장에서는 이 대기업 유통이 주는 값싼 먹을거리를 선택하는 것이 경제적으로 합리적인 것처럼 보인다. 그러나 대기업의 그 값싼 먹을거리를 선택하는 순간 소비자는 대량생산 대량유통의 재벌 중심 자본주의 체제를 인정하게 되는 것이다. 따라서 이 소비자는 정치적으로 우파에 들며 신자유주의를 긍정한다 볼 수 있다.

먹을거리를 선택하는 문제가
비정치적인 일인 듯이 여겨지기를 바라는 사람들이 있다.

　노동의 가치를 중시하고 자본에 의해 기획되는 먹을거리를 거부하는 소비자도 있다. 이런 소비자는 자신이 먹을 음식이 누구에 의해 생산이 되고 어디에서 왔는지 따진다. 자신이 지불하는 돈이 그 먹을거리를 생산하는 농민과 노동자에게 잘 전달되는지도 알아본다. 공정무역이니 공정거래니 하는 먹을거리 유통 형태가 이런 것이다. 이런 형태의 소비를 하는 사람들은 좌파에 들며 사회주의를 추종한다고 볼 수 있다.

　먹을거리를 선택하는 문제가 비정치적인 일인 듯이 여겨지기를 바라는 사람들이 있다. 지금의 먹을거리 유통으로 이득을 보는 사람들이다. 2010년대 한국의 상황에서 보자면, 재벌 중심의 자본주의 사회에서 경제적 강자로 군림하는 사람들이 그들이다. 그들은 우파이고 신자유주의 추종자들이다. 그들은 자신에게 유리한 정치적 환경을 조성하기 위해 그들에게 이득을 주는 먹을거리에 탈정치적인 포장을 한다. "서민들이 먹기에 합리적으로 싸다"는 것이다. 싼값으로 만들기 위해 빠져나간 돈이 결국은 농민과 노동자의 피땀임을 그들은 숨기고 있는 것이다.

한국인은 먹는 것이 곧 정치임을 알게 되기까지 긴 시간이 필요할 것이다. 먹는 것은 비정치적인 일인 듯이 착각하기를 바라는 사람들이 한국 사회에서 주도권을 쥐고 있으며, 그 주도권에 대한 도전은 너무나 미약하기 때문이다.

한국음식 세계화를 위한 길

2000년대 들어 한국음식의 세계화가 화두가 되고 있다. 정부에서도 적극적으로 나서 한국음식 세계화를 위한 여러 정책들을 내놓고 있다. 우리의 음식문화를 세계인이 즐기게 함으로써 국가 이미지를 제고하고자 하는 정부의 노력은, 한국인이면 누구든 반길 것이다.

그런데 세계화하겠다는 한국음식이란 대체 무엇인가, 그 정의와 범위부터 한번 따져볼 필요가 있다. 세계화의 대상을 명확하게 하자는 것이다. 이는 한국음식 세계화 관련 각종 행사를 다니면서 내 머릿속에 큰 혼란이 일고 있기 때문이기도 하다. 조선 왕가음식의 상징인 신선로와 1960년대에 개발된 서민음식인 떡볶이가 나란히 놓였을 때의 혼란 같은 것 말이다.

한국인이 먹는 모든 음식이 한국음식이다?

2010년 한국식품연구원과 연세대학교가 공동으로 진행한 '한식 세계화 비전 및 전략 — 한식 마케팅 모형' 연구에서는 한국음식을 이렇게 정의하고 있다.

한국에서 전통적으로 사용돼 온 식재료 및 그와 유사한 식재료를 사용해 한국 고유의 조리 방법 또는 그와 유사한 방법으로 만들어진 음식으로 한국 민족의 역사적·문화적 특성을 갖고 생활 여건에 알맞게 창안돼 발전·계승돼 온 음식

학술적으로는 훌륭한 정의일 수 있다. 그러나 현장에서 음식문화를 창조하고 한식 세계화를 실행하는 사람들의 입장에서는 참으로 모호한 정의이다. 이 정의에 따라 현재 대한민국 사람이 먹고 있는 음식들을 하나씩 대입을 하면 한국음식 아닌 것이 없다는 데 문제가 있다.

식재료란 자연계에서 얻을 수 있는 동식물 중 먹고 죽거나 탈이 나지 않는 모든 것을 말한다. 그러니 "한국에서 전통적으로 사용돼

온 식재료 및 그와 유사한 식재료"는 먹을 수 있는 모든 식재료라는 말과 같다. 캐비어는 우리 식재료가 아니지 않느냐 한다면, 우리는 오래전부터 생선의 알을 먹었다 하면 그만일 수 있는 것이다.

이어지는 "한국 고유의 조리 방법 또는 그와 유사한 방법으로 만들어진 음식"이라는 문장도 마찬가지이다. 음식의 조리 방법이란 것이 자르고 절이고 끓이고 데치고 굽고 찌고 조리고 고고 발효시키고 하는 것을 말하는데, 세계음식문화를 들여다보면 이 조리 방법이라는 것이 '전 지구적으로' 비슷하다.

마지막으로 "한국 민족의 역사적·문화적 특성을 갖고 생활 여건에 알맞게 창안돼 발전·계승돼 온 음식"이라 하여 한국음식에 정신문화적 요소가 있음을 밝히고 있다. 어떻게 보면 이 정신문화적 요소가 한국음식을 정의하는 데 가장 중요한 역할을 할 수도 있다. 가령, 한국음식의 역사적·문화적 특성으로 밥과 각종 반찬의 비빔, 고기와 채소의 쌈과 같은 '맛의 충돌'을 들 수도 있을 것이며, 어른이 수저를 든 후에야 식사가 시작되는 '예절'이 강조될 수도 있고, 또 시끌벅적 둘러앉아 음식을 즐기는 '두레상 문화'도 한 요소가 될 수 있다. 그러나 한국 민족의 역사적·문화적 특성이라는 게 워낙 다양하고 이중적이며 어떤 때는 각 특성들이 서로 충돌하기도 하여 종잡을 수 없다는 데에 한계가 있다. 1990년대 중반까지만 하더라도 '고요한 아침의 나라'에 살았던 한국인이 지금은 '다이나믹 코리아'에 살고 있는 것만 보아도 알 수 있다.

그러면, 대체 한국음식이란 무엇이라는 말인가. 세계의 식재료가 다 한국음식의 재료가 될 수 있으며, 온갖 조리법도 다 동원될 수 있고, 어떨 때는 정중한 조선 사대부의 상차림이었다가 어떨 때는 가운데 불판 놓고 왁자지껄 삼겹살 구워 먹는 '난장판'이 될 수도 있는 게 한국음식인 것인가. 사실, 이런 혼란은 나만 겪고 있는 것이 아니다. 최근 1년 정도 나는 한국음식문화에 관여하고 있는 사람들을 만날 때마다 이런 질문을 던졌다. "한국음식이란 무엇입니까?" 백인백답, 아니 백인사십답이 다 달랐다. 60% 정도의 사람들은 답을 내지 못하였다. 내가 들은 답 중에 제일 흔했던 것이 "발효음식"이었다. 그리고 "밥과 반찬의 음식", "정중함의 음식", "쾌활함의 음식", "즉석 조리음식"(불고기나 삼겹살을 염두에 둔 대답), "웰빙음식" 등등이었다.

이런 혼돈은 한국음식을 '조리된 어떤 모양새의 음식'으로 여기는 데에서 생기는 것이다. 한국 전통음식 연구자들은 대부분 한국음식을 조선의 음식으로 생각하고 그 시대에 먹었던 음식을 재현하고 그 음식의 변용과 개선을 연구한다. 그래서 신선로니 구절판이니 도미찜이니 하는 음식을 보여 주며 이게 한국음식이라고 말한다. 그러나 이런 음식은 현재 한국 사람들이 집에서도 식당에서도 잘 먹지 않는다. 가끔 전통음식 전시회 같은 행사장에 가서 "아, 우리 전통음식이란 게 이런 거구나" 하며 볼(먹지 않고) 뿐이다. 이에 반해 조선시대에는 없었으나 현재의 한국 사람들이 흔히 먹는 음식에 대해서는 이것이 한국음식인가 하는 의구심을 가지게 된다. 삼겹살구이, 김밥, 감자탕, 부대찌개 등등이 그렇다.

　세상의 변하지 않는 진리는 "모든 것은 변한다"라는 것뿐이다. 음식도 이 변화에서 자유롭지 않다. 새로운 식재료가 유입되고 조리 기구가 변하고 생활 패턴이 변하고 식성이 변하고 기후가 변하면서 음식도 변하는 것이다. 지금의 프랑스음식이, 일본의 스시가, 타이의 쌀국수가 100년 전, 200년 전, 300년 전에도 그 모양 그 맛이었다고 생각하면 잘못이다. 21세기 한국음식이 조선의 음식과 같아야 한다고 생각하는 것만큼 바보스러운 일은 없다.

한국음식의 정체성은 어떻게 확보될 것인가

　뭐든 정의를 내리고 범위를 정하는 일은 그것을 어떤 용도로 활용하겠다는 의도가 있을 때 일어나는 것이다. 그러니까 한국음식을 먹고 즐기는 데 말고 다른 용도로 쓰겠다는 것이고, 그게 바로 문화상품을 만들어 외국에 팔자는 것이다. 이는 브랜드 전략의 일종이라고 이해할 수 있는데, 다른 말로 풀자면, 외국인이 보기에 한국적 정체성이 느껴질 만한 음식을 정하여 이를 즐기게 하는, 이런 과정을 통해 한국을 이해하게 하고, 좋아하게 하고, 나아가 한국음식뿐만 아니라 한국 상품을 적극적으로 소비하게 하자는 것이다.

　따라서, 한국음식의 세계화를 위해서는 한국적 정체성이 담겨 있는 음식을 정하는 것이 처음 할 일인데, 이게 혼란스럽다는 것이 앞에서 지적한 바이다. 그리고 이 혼란은 "음식은 변하지 않는다"라는 잘못된 생각에서 비롯한 것이라고도 지적하였다. 그렇다면 대체 한국적 정체성이 담겨 있는 음식은 무엇일까.

한국음식의 세계화를 위해 우리가 으레 하는 연구는, 세계화되었다고 평가하는 프랑스음식, 이탈리아음식, 일본음식 등의 사례를 살펴보는 것이다. 그러면, 그들 나라 음식의 정체성은 어떻게 확보되는 것인지 한번 따져 보자. 프랑스음식을 예로 들어 보자. 프랑스음식을 프랑스 사람들과 더불어 세계인 모두가 프랑스음식이라 여기는 그 정체성은 어디에서 오는 것인가. 조리법인가? 스타일인가? 먹는 방식인가? 식기인가? 인테리어인가? 이런 것들은 정체성 확립을 위한 보조적 요소일 뿐이다. 그 정체성을 이루는 가장 중요한 핵심은 바로 그 음식을 이루고 있는 프랑스 식재료이다. 프랑스 땅에서 생산되는 밀과 그 밀을 먹고 자란 소, 그 소의 젖으로 만든 치즈와 버터, 프랑스 남부에서 재배하는 올리브와 포도로 제조한 올리브유와 와인 그리고 프랑스에서 재배하는 각종 허브 등으로 조리된 음식이므로 우리는 이를 프랑스음식이라고 하는 것이다. 프랑스에서 생산한 식재료를 이용하지 않는다고 해도 적어도 프랑스 식재료와 유사한 맛을 내는 '프랑스식 식재료'를 사용해야만 우리는 그 음식을 프랑스음식으로 여길 것이다. 프랑스 요리사가 프랑스음식이 어떤 맛이 나는지 설명하면서 제일 먼저 꺼내는 말이 프랑스에서 생산되는 식재료가 아니고 무엇이겠는가. 이는 이탈리아음식, 일본음식 등등에서도 마찬가지이다.

한국음식의 정체성 문제도 이런 시각에서 정립되어야 할 것이다. 바로 '한국에서만 구할 수 있고, 한국에서 나는 것이 제일 맛있는 식재료'가 한국음식을 한국음식일 수 있게 하는 정체성의 핵심이 되는 것이다.

한국 식재료에 대한 정보와 가치부터 파악해야 한다

맛 칼럼니스트로서 나는 20여 년간 우리 땅에서 생산되는 농수산물과 지역의 향토음식, 외식업체들의 음식을 두루두루 취재하고 있다. 그 과정에서 음식업계 사람들이 한반도에서 생산되는 농수산물을 너무 모르고 있다는 사실에 실망을 넘어 좌절감까지 느낄 때가 한두 번 아니다. 젊은 요리사들은 서양의 식재료와 조리법에 대해서는 외국에까지 나가 배워 오고 있다. 하지만 우리 땅에서 어떤 식재료가 생산되는지, 지역별 식재료에 어떤 차이가 있는지, 계절별로 식재료는 어떤 맛 차이를 내는지에 대해서는 한국음식 요리사들조차 관심을 두지 않는다. 시장에 나가면 다 있지 않느냐, 그중에 맛있고 싱싱한 것을 고르면 되지 않느냐 생각하면 큰 오산이다. 요리사들이 흔히 가는 시장에서 확보할 수 있는 한국의 식재료는 전체 한국 식재료의 10분의 1도 되지 않는다. 대규모 소비가 일어나지 않는 식재료들은 도시 시장에 나오지 않기 때문이다. 극단적인 예일 수 있지만, 우리 땅에서 자생하는 식물 중에 1,000여 종이 식용 가능하며 그 맛과 영양 가치는 서양의 허브 이상일 수 있다. 그중에 우리는 얼마나 많은 자생식물들을 한국음식에 이용하고 있는가.

　사정이 이렇다 보니, 어떤 한국 식재료는 외국에서 먼저 그 가치를 알고 최상품을 싹쓸이하거나 종자를 가져가 자기들의 식재료로 만들어 버리는 일이 있다. 남해에서 나오는 피조개, 키조개, 갯장어, 톳 같은 해산물의 제철 최상품은 일본으로 다 빠져나간다. 국내에서 이의 가치를 알고 한국음식의 식재료로 적극 활용하지 않으니 이런 일이 벌어지는 것이다. 우리가 추어탕에나 활용하는 초피나무 열매는 일본에서 일찌감치 향신료로서의 가치를 알고 원물을 수입해다가 분말화하여 전 세계에 팔고 있으며, 한국의 종자까지 가져가 대면적 재배에 들어갔다는 소식을 듣고 있다. 최근에는 한국음식이 일본에서 인기가 있자 일본의 외식업 관계자들이 한국에 직접 와서 식재료 생산지를 훑고 다닌다. 일본의 한 업체에서 연락이 와 자문을 한 적이 있는데, 고춧가루에 대해서는 산지별 고추의 특성, 고춧가루 분쇄 방법과 입자 크기에 따른 맛과 향의 차이, 심지어 가짜 태양초 제조 방법까지 알 정도로 한국 식재료에 대한 정보를 자세히 꿰고 있었다.

　한국 식재료에 대한 가치는 다른 나라에서 생산되는 유사한 식재료의 가치와 비교했을 때 분명하게 드러난다. 가령, 세계 사람들이 다 좋아하는 크랩류 중에 우리의 꽃게가 어느 정도의 맛을 가지고 있는지 파악하고 그에 맞는 조리법을 개발한다면 세계 미식가들을 대상으로 마케팅을 하고 있는 홍콩의 머드크랩 이상의 가치를 확보할 수 있을 것이다. 또 한우는 일본 화우와 달리 과다한 마블링이 없어도 숙성 후 감칠맛으로 승부를 걸 수 있을 정도로 맛이 뛰어나 정육과 숙성 방법, 조리 방법을 개선하면 이 역시 세계 명품 대열에 충분히 낄 수 있다. 그 외에도 단맛과 매운맛이 절묘한 조화를 이루어 최근 일본에서 탐을 내고 있는 고추, 향긋하면서 매콤한 맛으로 고기 맛을 살려 주는 산마늘 같은 산나물류, 달콤하면서 강렬한 신맛을 내 세계 감귤류 중 특이한 사례로 꼽히는 유자, 남아시아의 액젓과 달리 구수한 맛이 깊은 까나리액젓, 게랑드 꽃소금에 비견될 수 있는 신안의 '당일 천일염' 등등 '한국에서만 구할 수 있고, 한국에서 나는 것이 제일 맛있는 식재료'는 수없이 많이 있다.

이러한 한국 식재료에 대한 정보는 정부와 지방자치단체, 생산자단체 등등에서 조금씩 이런저런 식으로 언급을 하고 있으며 대학이나 연구기관에서 연구한 자료도 여기저기 흩어져 있다. 문제는 이 한국 식재료에 대한 정보들이 음식업계에서 이용할 수 있도록 체계적으로 정리되어 있지 못한 데 있다. 가령 어느 요리사가 초피나무의 열매를 사다가 한국음식에 응용하고 싶어도 초피나무 열매의 특징, 이와 비슷한 산초나무 열매와의 차이점, 산지별 초피나무 열매 생산

시기, 가공 방법과 그에 따른 맛 차이, 응용 요리, 보관 방법, 원료 생산자와 제품 생산자 정보, 가격, 구매처 등의 정보가 일목요연하게 정리되어 있지 않으니 인터넷을 뒤지고 전화를 해대다 지쳐 포기하기 일쑤이다.

다시 한 번 강조하건대, 음식은 변화한다. 현재 한국 사람들이 먹고 있는 한국음식은 100여 년 전 조선의 음식과 크게 다르다. 한반도에서 재배하는 주요 농산물이 그때와 다르며 바다에서 잡히는 생선들도 달라졌다. 주방의 가열 기구와 조리 기구가 바뀌었으며 음식을 담아내는 식기도 달라졌다. 무엇보다 농업사회에서 산업사회로 우리의 생활 패턴이 바뀌었고 글로벌화하면서 식성도 달라졌다. 그래서 조선의 시각으로 현재 우리의 음식을 보자면 전통이나 정체성을 찾는 데 큰 혼란이 일게 된다. 조선에는 조선음식이 있었고 21세기 한국에는 한국음식이 있는 것이다. 이 변화의 한국음식에서 정체성을 찾자면 바로 '한국에서만 구할 수 있고, 한국에서 나는 것이 제일 맛있는 식재료'에 집중할 수밖에 없는 것이다. 한국음식 브랜드화를 위한 스타일 개발과 표준조리법 정리 같은 것은(그게 굳이 필요할까도 싶지만 그래도 필요하다면) 한국 식재료에 대한 가치의 파악과 정보화 및 컨텐츠화 이후에 해야 할 일이다.